谨以此书献给云南大学建校一百周年

百年云大民族学

主编　伍　奇　张海超

云南大学出版社
YUNNAN UNIVERSITY PRESS

图书在版编目（CIP）数据

百年云大民族学 / 伍奇，张海超主编. -- 昆明 ：
云南大学出版社，2023
ISBN 978-7-5482-4820-0

Ⅰ. ①百… Ⅱ. ①伍… ②张… Ⅲ. ①云南大学－民
族学 Ⅳ. ①C95

中国国家版本馆CIP数据核字（2023）第052397号

策划编辑：赵红梅
责任编辑：王 颖
装帧设计：刘 雨 昆明理雅电脑图文有限公司

百年云大民族学

BAINIAN YUNDA MINZUXUE

主编 伍 奇 张海超

出版发行：云南大学出版社
印 装：昆明理煜印务有限公司
开 本：787mm×1092mm 1/16
印 张：15.25
字 数：200千字
版 次：2023年3月第1版
印 次：2023年3月第1次印刷
书 号：ISBN 978-7-5482-4820-0
定 价：138.00元

社 址：云南省昆明市一二一大街182号（云南大学东陆校区英华园内）
邮 编：650091
电 话：（0871）65033244 65031071
网 址：http://www.ynup.com
E-mail：market@ynup.com

若发现本书有印装质量问题，请与印厂联系调换，联系电话：0871-64167045。

前 言

何 明

云南大学民族学的发展历程，镌刻着一代又一代云大人艰辛备尝、砥砺前行的学术人生，呈现出一批又一批学人对家国情怀、学术理想的孜孜以求与守正创新的清晰脉络，留下了民族学师生不畏艰险、追本溯源开展深入细致田野调查的深深足迹。

一、砥砺前行的发展历程

云南大学民族学的发展历程可以分为以下四个阶段。

第一阶段：20 世纪 30 年代末至 40 年代末。

1938 年 3 月，时任云南大学校长的熊庆来在武汉开会期间，从教育部次长顾毓琇处得知“吴文藻亦可南来工作”的消息后，极力邀请吴文藻到云南大学任教。经过熊庆来校长多方斡旋，中英庚款董事会最终同意资助云南大学增设社会学讲席并由吴文藻担任。同年，吴文藻到校，开始开设社会学课程。1939 年，教育部批准云南大学社会学系成立，吴文藻担任系主任，获得洛克菲勒基金支持建立“燕京大学—云南大学实地调查工作站”。邀请费孝通、陶云逵、许烺光、林耀华、瞿同祖、史国衡、王康等来校任教，选留张之毅、田汝康、谷苞等国内高校毕业的青年才俊入职工作。1940 年 10 月，因日本飞机轰炸昆明，工作站迁至昆明郊区呈贡，工作站设于魁星阁，故学术界称之为“魁阁”。1942 年 3 月，建立西南文化研究室，聘任方国瑜为主任，聘请本校文史、社会两系相关教师为兼职研究员，开展西南历史、文化和地理研究。自此，民族学和人类学研究的社会学派与历史学派在云南大学汇聚。

第二阶段：20 世纪 50 年代至 70 年代中期。

1948 年春，杨堃接受云南大学聘请出任社会学系主任，组织师生开展了田野调查、建立调查基地。中华人民共和国成立后，民族学积极参与新中国的国家建设，开展马克思主义民族学研究。

1953 年 3 月院系调整后，社会学系撤销，杨堃、江应樑等转入历史系，在历史系组建中国少数民族史教研室，继续推进民族调查和中国民族史的教学科研，方国瑜参加少数民族社会历史调查并担任云南调查组副组长，杨堃参加佤族、傣族、彝族的社会历史调查等；招收中国民族史副博士研究生和本科学生，编写了《彝族史稿》《中国西南历史地理考释》《傣族史》等系列成果。

第三阶段：20 世纪 70 年代末至 2012 年。

党的十一届三中全会后，民族学学科开始恢复重建，1978 年中国民族史专业获得国家首批硕士和博士学位授予权，1987 年获准设立人类学本科专业并于次年招生。

1996 年，国家启动“211 工程”建设，云南大学民族学被列为重点建设学科，进入快速发展时期。在“211 工程”一期（1995—2000 年），先后获准民族学硕士和二级学科博士授权，组织实施“跨世纪云南民族村寨调查”，设立了东亚影视人类学研究所，开设影视人类学研究生课程进修班。在二期（2001—2005 年），获准民族学一级学科博士授权、国家级重点学科、教育部人文社会科学重点研究基地和博士后科研流动站，组织实施“中国民族村寨调查”“云南少数民族调查基地建设”等大型项目，建成人类学博物馆和影视人类学研究中心，跻身于全国民族学学科先进行列。

第四阶段：2012 年至 2020 年。

经过几代学者的努力，云南大学民族学建成高水平学科平台，在历次全国学科评估中始终保持前茅，2017 年被评为 A^{+} 学科并进入国家“一流学科”建设行列，迈向协调发展和创新发展大道。回应国家重大战略，开拓东南亚南亚及“一带一路”民族志调查研究，实施民族关系和民族团结、边疆治理、铸牢中华民族共同体意识以及乡村振兴与乡村治理等系列重大课题研究；瞄准国内外学术前沿议题，创新民族志研究模式，推进“村民日志”“反思民族志”研究，创建数字化实验室推动学科交叉和研究方法创新；建构新时代中国民族学学科体系、学术体系和话语体系，围绕民族及其社会文化，形成由历史、经济、政治、宗教、艺术、生态等组成的系统化学科体系，聚焦于中华民族共同体研究建构中国民族学自主知识体系；开展高层次学术交流合作，承办国际人类学与民族学联合会第十六届大会，发起“东亚人类学论坛”和“东亚山岳文化研究会”等国际学术组织；提升人才培养质量，推进新文科建设，建成“课堂＋田野＋语言＋技术”的“四维育人”模式，本科专业入选国家首批“一流本科”。

二、坚守情怀的自主创新

从20世纪30年代末到今天，中国发生了剧烈的变化和飞跃的发展，每一代学者所处的历史条件和学术环境各不相同，然而却都持有不变的共同初心和学术实践，那就是践行家国情怀和学术理想的自主创新，坚守“魁阁”学术报国的精神。

在中国积贫积弱的20世纪30年代，费孝通给自己确定了“志在富民”的目标并念兹在兹躬身实践。他以中国农民的经济生活作为其博士论文研究议题，到云南大学工作后将经济生活作为“魁阁”学者群体的调查研究主题，除了亲自进行调查研究，完成了《禄村农田》《易村手工业》《玉村农业和商业》（即《云南三村》）及《西南工业的人才基础》《新工业中的艺徒》等之外，还组织同事们开展了一系列经济生活的调查研究，如史国衡的《昆厂劳工》《论个旧锡业》《役政与劳工》，张之毅的《榆村经济》，谷苞的《化城村乡的经济传统》，郑安仑的《堡村商业》等。不仅如此，费孝通在美国访学期间（1943年6月至1944年7月）将“魁阁”学者的经济生活研究编译成英文著作*Earthbound China*（芝加哥大学出版社1945年出版）和*China Enters the Machine Age*（哈佛大学出版社1944年出版），成为国际学界了解中国社会和中国社会学、人类学研究的重要窗口。改革开放以后，陈庆德带领经济民族学团队回应国家以经济建设为中心战略和推动少数民族地区发展政策，开展了一系列少数民族经济的调查研究，完成了《资源配置与制度变迁》《发展人类学》《民族文化资本化》《经济民族学》等一批具有重要学术影响的成果，建构起具有时代特征和中国特色的经济民族学理论体系。

民族问题与边疆问题交织在一起。抗日战争爆发后，维护国家领土安全、破解边疆危机成为国家和人民的当务之急。云南大学民族学、人类学和社会学的创立者吴文藻呼吁建设“边政学”、开展边疆地区的调查研究与加强边疆治理，并撰写《边政学发凡》一文，建构“边政学”学科框架。田汝康赴中缅边境地区芒市傣族村寨调查，撰写出影响深远的民族志《芒市边民的摆》。杨堃担任社会系系主任期间，“确定了重视边疆社会研究的方针，由此引起全系同学对边区的研究兴趣”（江应樑《这一次展出》，载《正义报》1949 年 4 月 20 日第六版）。进入新世纪，云南大学西南边疆少数民族研究中心获准为教育部人文社会科学重点研究基地，方铁等致力于边疆治理历史研究并取得丰硕成果，之后建立边疆学研究所，开展中缅、中老、中越边境地区的调查研究，出版《边疆学研究丛书》。周平带领政治学团队加入边疆研究，开拓出“边疆政治学”研究新领域。联合广西、西藏、新疆、内蒙古、吉林等 6 所高校建立“边疆民族调查研究联盟”，合作开展边疆民族调查研究。同时，回应国家对外开放和“一带一路”倡议，2009 年以后推动东南亚和南亚调查研究，完成了《东南亚民族志丛书》等系列成果，成为全国首家运用田野调查和民族志方法开展区域研究的单位。

调查研究族际交往交流交融、促进民族团结和筑牢中华民族共同体意识，是贯穿云南大学民族学调查研究的一条主线。早在 20 世纪 40 年代初期，李有义深入路南多民族聚居区调查，于 1943 年撰写出《汉夷杂区经济》一书，梳理了汉族与彝族等少数民族的交往交流交融历史过程，用田野调查所获得的第一手资料，呈现了汉族与少数民族在经济上相互依存、文化上相互补充的生动事实，并揭示出在社会变革过程中族际经济关系的变迁和“杂区特有的民主化的政治活动”。中华人民共和国成立后，方国瑜带领青年教师参与国家重大工程《中国历史地图集》的研制，负责研究与绘制各个历史时期云南的历史地图及其与周边国家的边界，为维护国家领土完整作出贡献。进入新时代，尤中积一生研究之功在八十岁高龄之时完成了 500 万字的《中华民族发展史》巨著，用浩瀚的史料阐明中国各民族交往交流交融、共同发展、形成中华民族共同体的历史过程和规律。进入新时代，铸牢中华民族共同体意识成为民族学调查研究的主线，从理论阐释、研究范式、实证研究、历史过程等多维度展开调查研究，优秀科研成果和教学成果不断涌现。

开辟新领域、建构新学科，是云南大学民族学保持持续创新能力的法宝。早在云南大学民族学、人类学和社会学创办初期，瞿同祖就开设课程“中国法律与中国社会”，运用社会学、人类学的学术理念和研究方法研究中国法制史和中国社会史，开创了中国的法律社会学和法律人类学研究。同期，胡庆钧对呈贡的基层政权进行调查研究，完成《云南呈贡二村基层地方权力结构》。改革开放以后，张晓辉等推进民族法学和法律人类学研究，出版了《中国法律在少数民族地区的实施》《少数民族习惯法研究》《中国民族法学》等系列成果，成为中国民族法学和法律人类学的研究重镇。20 世纪 40 年代初，许烺光在滇西调查时遇到霍乱爆发，他以高度的学术敏感性及时展开调查，从民族学、人类学的视角进行研究，撰写出著作《驱逐捣蛋者》的部分内容，成为中国医学人类学和民族医学最早研究者之一。21 世纪前后，云南大学民族学学者致力于推动民族医学、民族生态学和艺术人类学的学科建构和调查研究，出版了《医学人类学》《生态人类学丛书》《艺术人类学丛书》等系列成果，其中，尹绍亭的《刀耕火种——一个充满争议的生态系统》、何明与洪颖的 *Back to Life: On the Development of Anthropology of Art as a Discipline* 等受到国内外学界关注，被国际学术著作所引用或收录。

知识创新是学术研究的根本任务。自学科建立以来，一代又一代学者努力推动中国自主知识体系的建构。吴文藻是社会科学中国化的倡导者和推动者，费孝通则是社会科学中国化的实施者和实践者，主张："直接的知识是一切理论的基础。在自然科学中，这是已经不成问题，而在社会科学中还有很多人梦想着真理会从天外飞来。尤其是现在中国的社会科学，因为外国文字书籍的输入，以为靠了些国外学者在实地所得的知识，可以用来推想中国的情形……我们的回答是：且慢用外国名词来形容中国事实，我们先得在实地详细看一下。"[①] 他在《乡土中国》中提出"差序格局""礼治秩序"等中国式学术话语分析中国社会，至今仍具有适用性和有效性。进入新时代，云大民族学学者提出并组织实施建构新时代中国民族学自主知识的目标任务，发表了一批具有影响力的论文和《重建民族学》《人类学方法论的中国视角》等著作。

三、从实求知的知识生产

云南大学民族学从创建时起，就以"从实求知"为学科建设的根本原则和知识生

① 费孝通：《费孝通文集》第 1 卷第 405 页，群言出版社，1999 年版。

产的基本路径，把论文写在中国大地上。

我国传统学术研究对社会和文化阐述过许多独到深刻、鞭辟入里的思想观点，但因未曾受到现代实验科学洗礼及其他诸多因素局限而长期流连于“形而上学”的论说方式。作为同属“科学救国”群体的青年知识群体，吴文藻及其前后留学归国的社会科学工作者希望借助西方的社会科学理论方法研究中国社会与解决中国问题，吴文藻提出“一面介绍健全的理论和方法，一面提供正确的实地调查报告”的社会学中国化思路[①]，并且形成了系统的学术范式，“以试用假设始，以实地证验终；理论符合事实，事实启发理论；必须理论和事实糅合在一起，获得一种新综合，而后现实的社会学才能植根于中国土壤之上，又必须有了本此眼光训练出来的独立的科学人才，来进行独立的科学研究，社会学才算彻底的中国化。”[②]根据这一学术理念，他到云南大学工作后将其在燕京大学形成的社会学中国化方案移到云南大学实施，筹措资源于1939年建立燕京大学—云南大学实地调查工作站。费孝通把这一知识生产的路径概括为“从实求知”，组织师生开展实地调查研究，调查点遍布全省，既有汉族地区也有少数民族地区及多民族杂居区，既有传统农村也有现代企业，力图为内忧外患之国家排忧解难、奉献力量。

“211工程”启动后，1999年末至2000年初，动员全校力量实施“跨世纪云南民族村寨调查”，完成《云南民族村寨调查》丛书，推动人文社会科学学术研究从“书斋”向“田野”的转变。2003年联合相关高校和科研机构实施“中国民族村寨调查”，完成了包括台湾高山族在内的55个少数民族调查。继承前辈们“开风气，育人才”的传统，在云南农村建立“民族调查研究基地”，促进教师开展深入系统的长期跟踪调查，提供学生开展田野调查实习实训，承担教育部全国研究生培养创新项目“田野调查暑期学校”，倡导与推广“从实求知”之风，培养扎根中国社会深入细致开展田野调查把论文写在中国大地上的优秀人才。

随着影像技术和信息技术的发展，“从实求知”的方法不能局限于质性研究，于

---

① 吴文藻：《吴文藻自传》，载《晋阳学刊》1982年第6期。

② 吴文藻：《社会学丛刊》甲集第一种“总序”，载吴文藻《论社会学中国化》第4页，商务印书馆，2010年版。

是引入影像技术、地理信息系统、数据库技术和统计学方法，力求获取更全面、系统、准确的关于研究对象的资料，建设民族研究数据库和信息化实验室，探索质性研究与量化研究相结合的多学科交叉研究方法，形成“民族志 +”的研究方法和“校园 + 田野 + 语言（少数民族语言或周边国家语言）+ 技术（影像技术、地理信息系统、数据库技术）”的“四维”人才培养模式。

云南大学民族学坚持家国情怀和学术理想的学科创新和知识创新走过八十多年的历史。在新时代，云南大学民族学将赓续“魁阁”传统，弘扬报国精神，为中华民族的伟大复兴不负时代、不辱使命，更加坚定地砥砺前行。

Contents
目 录

第一篇

边疆危机与云南大学民族学的创建

（1923—1949）

20 世纪 30 年代，面对中国西南边境前所未有的边疆危机，云南大学民族学在创建之初就提出学科发展的宗旨在于“救国之图”。在随后的抗日救亡路上，为寻求救国之途，云大民族学学者秉持学术报国的“魁阁精神”，取得了举世瞩目的成就，并以此奠定了中国民族学、社会学的基础。

唐继尧(1883—1927),字蓂赓,云南会泽人,号“东大陆主人”。1915年,和蔡锷联名通电全国,宣布云南独立,发起了推翻袁世凯的护国战争。1919年,省议员大会审议通过龚自知等人提出的“本省筹办大学请愿书”。时任云南督军兼省长的唐继尧于9月以云南督军公署、省长公署之名告知省议会,表示“大学之设,必期于成”。1922年11月,筹备处投票决定校领导人员,唐继尧和王九龄当选名誉校长,董泽为校长。1922年12月8日,私立东陆大学宣布成立,系我国西南边疆地区第一所综合性正规私立大学。1923年4月20日,东陆大学会泽院奠基并举行开学典礼。

唐继尧

一、“救国之图”与民族学研究初启

1923年4月,云南大学前身私立东陆大学以“作救国之远图”为创办宗旨,创建之初便提出设立滇边调查部的构想,“以探查边徼内情……抵制外人觊觎”。1936年,省立云南大学提请云南省政府核准通过拟“开设边地问题研究班以培养边地服务人才”的学科建设计划。

设立滇边调查部

1924年,东陆大学在创建之初便提出设立滇边调查部的构想,“以探查边徼内情,开浚富源……抵制外人觊觎,巩固滇边为宗旨”。其时提出的重视边疆研究、重视田野调查,成为云南大学民族学一直传承的学风。

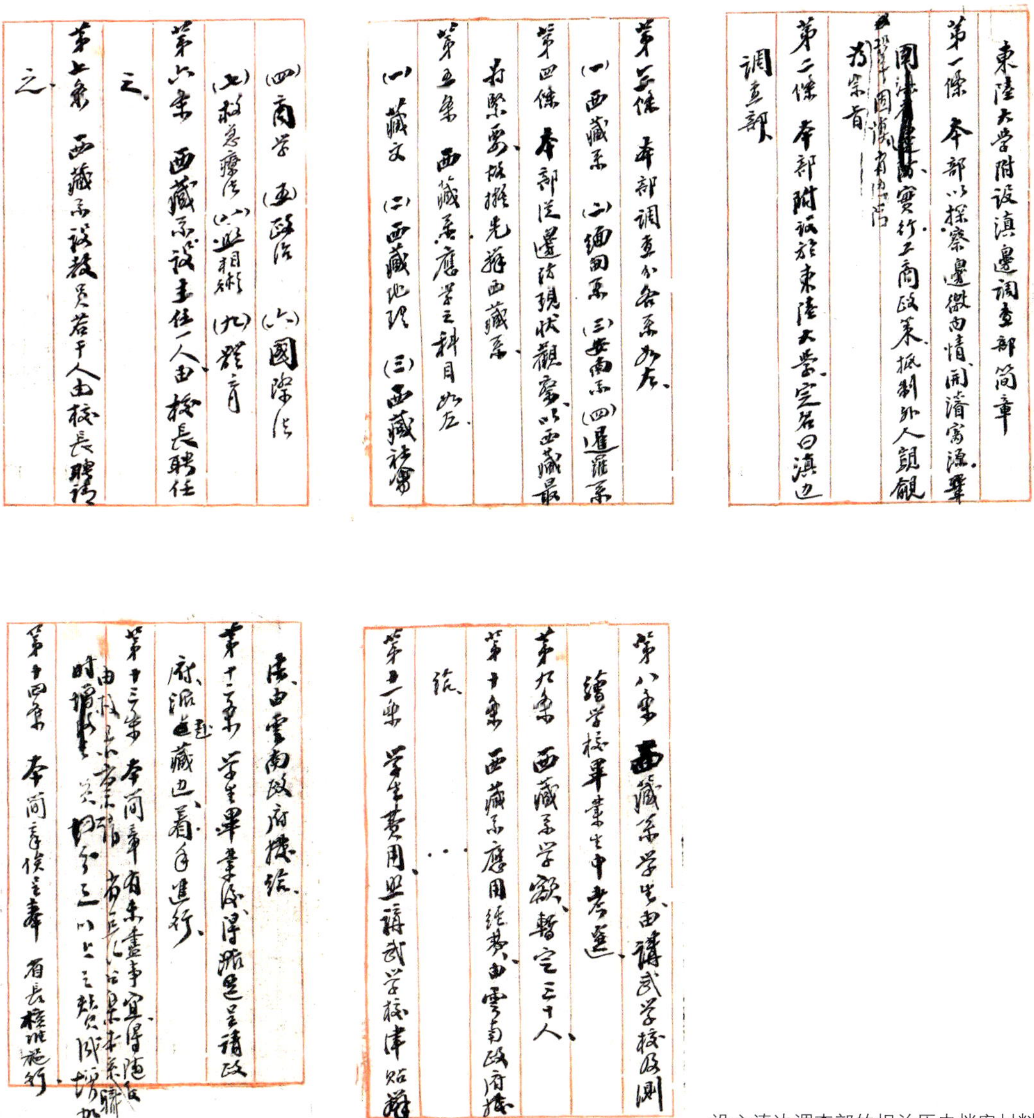

東陸大學附設滇邊調查部簡章

第一條　本部以探察邊徼西情、開浚富源、[illegible]實行工商政策、抵制外人覬覦為宗旨。

第二條　本部附設於東陸大學，定名曰滇邊調查部。

第三條　本部調查分各系如左：(一)西藏系　(二)緬甸系　(三)安南系　(四)暹羅系

第四條　本部從邊防現狀觀察，以西藏最為緊要，擬先辦西藏系。

第五條　西藏系應學之科目如左：(一)藏文　(二)西藏地理　(三)西藏禮俗　(四)商學　(五)政治　(六)國際法　(七)[illegible]　(八)[illegible]　(九)體育

第六條　西藏系設主任一人，由校長聘任之。

第七條　西藏系設教員若干人，由校長聘請之。

第八條　西藏系學生，由講武學校及測繪學校畢業生中考選。

第九條　西藏系學額暫定三十人。

第十條　西藏系應用經費，由雲南政府撥給。……

第十一條　學生費用照講武學校津貼辦法，由雲南政府撥給。

第十二條　學生畢業後，得[illegible]呈請政府派赴西藏邊地着手進行。

第十三條　本簡章有未盡事宜，得隨時增[illegible]

第十四條　本簡章俟呈奉省長核准施行。

设立滇边调查部的相关历史档案材料

董泽（1888—1972），字雨苍，云南云龙人，白族。1920年董泽连续向唐继尧建议云南单独创办大学，唐继尧委托董泽与时为教育司长的王九龄共同筹建，随令设大学筹备处于翠湖之“水月轩”。1922年7月，董泽正式任东陆大学筹备处处长，1922年12月，唐继尧函聘董泽为东陆大学首任校长。董泽主校八年，承先古文明，鉴欧美科技进步、学术民主，在开发滇省产业，储才和中等学校毕业生之晋读深造诸方面均作出重大贡献。

董泽

开设边地问题研究班

1936年，省立云南大学提请云南省政府核准通过拟“开设边地问题研究班以培养边地服务人才”的学科建设计划。

1937年8月6日，熊庆来撰《省立云南大学请求设置讲座书》，拟请准设边政、采矿工程、冶金、工业化学、土木工程、热带病学、医学内外科、植物学、高等经济等9个讲座，并阐述了设置讲座的理由：“云南接壤英法、国防界务等边疆问题不胜缕举，自应预储专才，调查文化、社会、民族经济之真实状况，确立经营之政策与设计，此请设置边政讲座之理由。”

熊庆来

熊庆来（1893—1969），字迪之，云南弥勒人。中国数学家、教育家、中国现代数学先驱、中国函数论的主要开拓者之一，中国科学院院士。曾任清华大学算学系主任、教授，云南大学校长，中国科学院数学研究所研究员、函数论研究室主任，中国人民政治协商会议全国委员会常务委员。

熊庆来于1920年获得马赛大学理科硕士学位，1933年获得法国国家理科博士学位。1937年，熊庆来离开清华大学，出任云南大学校长。

熊庆来认为，滇边之问题日益繁多，举其大者如滇边之国防、滇边之界务、滇边英法之侵略以及滇边土人之同化，凡此种种不胜枚举，然均为我国上下所宜注意者，也不特中国政府当局应加筹划，即

1937年8月，省立云南大学发出《申请边政讲座理由书》，强调滇边之重要："窃云南一省僻在西南一隅，与越南、缅甸接壤，长至三千余里，其西北方面复与康藏高原相连，故滇省之地位在国防上特别重要。历代以来，我中华民国无日不加以重视，以图民族之发展与平国防之稳固。惟中国政府历来对边陲之政策，只尚剿抚不重经营，一切发展听其自然，只求边远民族之就范，不务彻底之解决，因此，数千年来，中国边区之民时叛时服，而朝廷之政时剿时抚，推其因，均由我国政府对边区内情十分隔膜，只重军事之胜利，不重文化、政治、经济、交通及社会之经营。在昔海道未通，我东亚神州尚可随国内之分合应付

一般民众与乎学术机关应加以研究，以便找出滇边问题之所在，明白滇边问题之困难，了解滇边情况之内容，发为著作，以供国人之研究及政府边政经营上之参考。要推进云南边疆行政管理，促进边疆经济建设，发展边疆文化教育，“非有曾受过社会学切实训练之专门人才不为功”。熊庆来向中英庚款董事会提出申请，聘请吴文藻到云南大学任教，并成立社会学系；同时支持文法学院方国瑜组建西南文化研究室，奠定了云南大学边疆民族研究的基石。

边地之问题，惟近百年来，中国国户洞开，藩属尽失，曾几何时，而大英帝国与法兰西已直接与中国云南接壤矣。唇亡齿寒，而滇边之问题日愈繁多，举其大者，如滇边之国防、滇边之界务、滇边英法之侵略以及滇边土人之同化，凡此种种，不一而足。”

五华文理学院设立边疆文化学系

抗日战争胜利后，西南联合大学等教育科研机构师生北返，云南高等教育出现缺口。1946 年，云南爱国民主人士于乃仁、于乃义等筹资创办私立五华学院，次年改名私立五华文理学院。学院位于云南历史上著名的经正书院原址，办学理念提倡人文与自然科学的融合，以“发扬民族文化，推进科学研究”为宗旨，所聘教职人员多为海内外名家。著名历史学家钱穆曾担任“人文科学研究班”导师。后在“人文科学研究班”基础上，成立边疆文化学系，张凤岐任系主任。1950 年后，五华文理学院并入云南大学。五华文理书院曾设立的边疆文化学系也是云南大学边疆民族文化研究的一条重要支脉。

二、边疆危机与边政学的创建和实践

20 世纪上半叶，日本和西方列强在中国边疆地区不

私立五华文理学院龙翔街北院大门

私立五华文理学院翠湖南院大门

断挑起事端，利用民族问题蚕食中国领土，中华民族面临着空前的边疆危机。为了维护领土和主权完整，抵御列强的威胁，中国知识分子开始努力寻找巩固边防、建设边疆的道路。云南大学以吴文藻为代表的学者们创立了边政学，聚焦于边政改革和边疆治理，不断完善边疆治理的理论框架。方国瑜、江应樑等学者还深入边疆民族地区，主持一系列的边务工作，不仅推动了中国边政学的发展，同时也为联结民心、巩固国防作出了积极的贡献。在维护边疆安全领域，云南大学始终走在中国高校的前列。

边政学的诞生及其在云南大学的发展

1941 年 9 月 29 日，中国边政学会在重庆举行成立大会，吴文藻任研究组主任。1942 年 1 月，时任蒙藏委员会顾问兼中国边政学会常务理事的吴文藻发表了《边

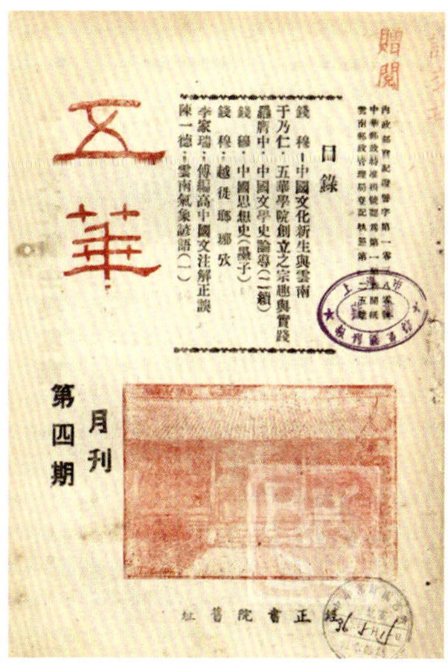

私立五华文理学院创办的《五华》月刊

吴文藻（1901—1985），江苏江阴人。1929年吴文藻到燕京大学任教，并在清华大学兼课。抗战爆发后，应熊庆来校长之邀，吴文藻于1938年秋携家人抵昆，担任中英庚款特请讲座教授。1939年，吴文藻创建云南大学社会学系，任社会学系主任，同时建立了燕京大学和云大合作的实地调查工作站。1940年，吴文藻创办了云南大学社会学研究室。在云大任职期间，他延揽了费孝通、李有义、史国衡、谷苞、田汝康、胡庆均、陶云逵等一批优秀青年学者来校研究和任教。1940年底，吴文藻受邀到重庆任职，并担任云南大学驻重庆代表。中华人民共和国成立后，吴文藻在中央民族学院从事教学和研究工作。

吴文藻

政学发凡》一文。文章首次提出了边政学的定义："边政学就是研究边疆政治的专门学问。通俗地说，边疆政治就是管理边民的公众事务。用学术语，边政学就是研究关于边疆民族政治思想、事实、制度及行政的科学。"吴文藻在文中系统阐述了研究边政学的目的及重要性，边政学的性质与定义，边政学的内容大纲及边政学与其他相关学科的关系。这一时期，云南大学社会学系陶云逵也发表《开化边民问题》《论边地汉人及其与边疆建设之关系》《论边政人员专门培训之必须》等论文，对边政学及相关实务问题进行专门探讨。

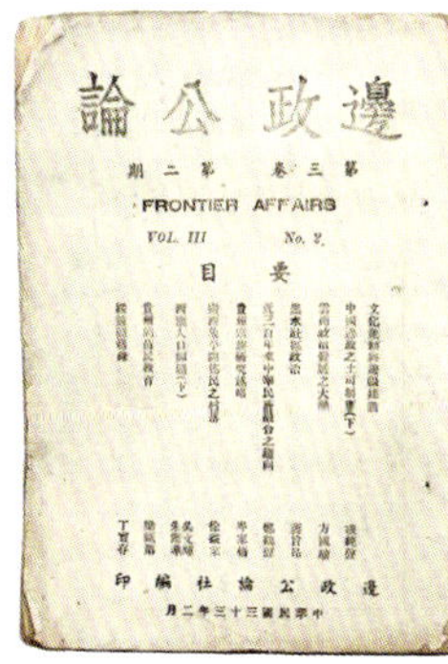
邊政公論
第三卷 第二期
FRONTIER AFFAIRS
VOL. III No. 2
要目
邊政公論社編印
中華民國三十三年二月

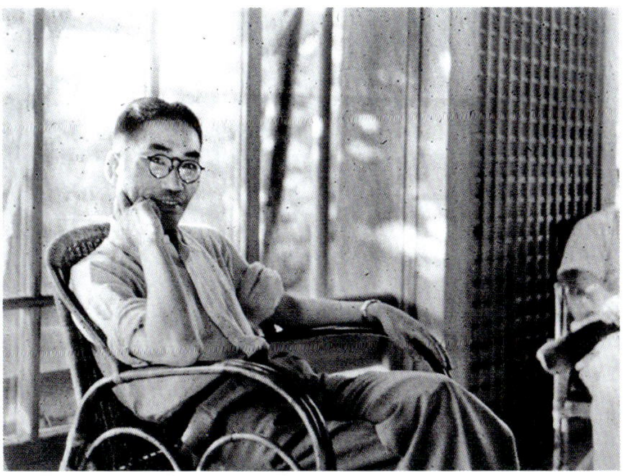

吴文藻

吴文藻、冰心一家在默庐

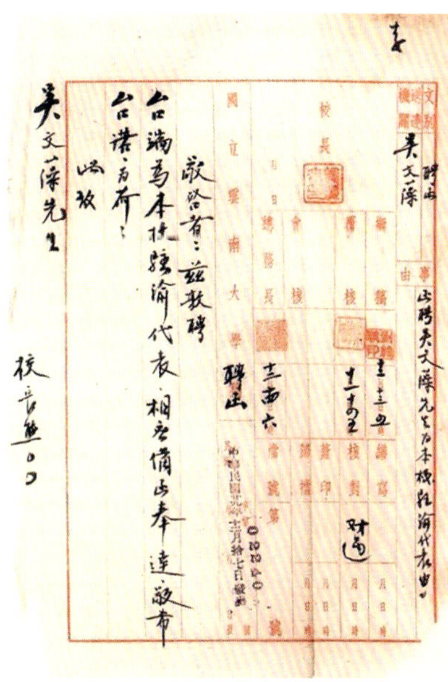

云南大学聘请吴文藻为驻渝代表聘书

陶云逵（1904—1944），江苏武进人，1934年任职中央研究院历史语言研究所。他曾先后赴丽江、中甸（今香格里拉）、维西及滇缅、滇越边境等少数民族地区做民族学调查。抗日战争期间，陶云逵任云南大学教授，主持开设了"民族学""西南边疆社会"等课程。1940年6月，南开大学成立"南开大学文学院文科研究所边疆人文研究室"，陶云逵任研究室主任，同时兼任云南大学和西南联大教职。陶云逵将研究室分为边疆语言、人类学、人文地理、边疆教育四组。1940年底，任代理系主任期间，他聘请林耀华、李树青等到系任教。当时云南为打破日本封锁，构建与东南亚地区的便捷交通，计划修建石佛（石屏县至今勐海县）

陶云逵

陶云逵在边疆考察

1934 年，勇士衡、赵至诚、陶云逵、凌纯声（从左至右）在云南调查

1934 年，陶云逵（左）与赵至诚（右）在云南调查

陶云逵在丽江考察时与纳西东巴合影

铁路。陶云逵与同仁受石佛铁路筹备委员会的委托，经云南玉溪、峨山、新平、元江、金平，顺江河而下，对沿途民族地区的自然、社会及人文状况展开调查。1943 年又开展澜沧江河谷地区土地利用、彝族社会组织与宗教等方面的研究，历时八月有余。调研成果中的一部分以云南石佛铁路筹委会与南开大学边疆人文研究室的名义编印成册，提供给了石佛铁路筹委会。

方国瑜（1903—1983），字瑞丞，纳西族，云南丽江人。曾就读于北京师范大学和北京大学研究所国学门，毕业回乡后，潜心钻研象形文字，搜集大批字音、字形、字义的资料整编写成《纳西象形文字谱》。1936年9月，方国瑜到云南大学任教，与向达等创办了《西南边疆》杂志，主持“云南大学西南文化研究室”工作。1955年，周恩来总理视察云南大学时指示云南大学应加强民族问题研究，突出地方特点。遵照总理的指示，历史系设立了“民族史教研室”，方国瑜讲授“云南民族史”课程，编写《云南民族史史料目录题解》，构建了云南民族史的学科体系。1956年，全国人民代表大会民族委员会云南民族研究组成立，方国瑜积极参与

方国瑜

方国瑜参加“中英会勘滇缅南段未定界”的勘察

近代中国危机四伏，英、法帝国主义觊觎云南边疆，蚕食鲸吞。方国瑜感知民族和边疆问题的重要性，一直加以关注。1935年4月，中英准备会勘滇缅南段未定界，并公之于报。这引起了正在南京辑录云南史料的方国瑜的注意。他在《新亚细亚》杂志上相继发表了《滇缅边界的菖蒲桶》《葫芦王地之今夕》《条约上滇缅南段未定界之地名》等文章，考证了菖蒲桶、葫芦王等地的地理位置、历史沿革及民族成分，以翔实的资料论证了这些地区归属于中国的合法性。同时，方国瑜希望国人“借此机会，督促政府与英人交涉，据理力争，以保我滇边

1935 年，中英双方于缅甸南大举行勘界会议时合影

并领导工作，带领学生连年奔波于凉山、哀牢山一带，编写出一部约 50 万字的《彝族史长编》。在方国瑜的带领下，1959 年云南大学历史系创办中国少数民族史专业，1963 年又创建云南民族史研究室。在教学工作之余，方国瑜主编《云南史料丛刊》《云南地方史讲义》等书，共 880 多万字。其著作《中国西南历史地理考释》，填补了云南历史地理研究的空白，荣获云南省社会科学优秀成果奖一等奖。

之完整而杜外人之觊觎，幸勿再事含糊敷衍，以贻民族国家前途之祸。”随后，方国瑜参与了界务交涉。勘界过程中，历史地理资料的匮乏，让方国瑜深感痛心。秉

方国瑜在潜心研究

家国情怀，方国瑜放弃了之前对语言学、音韵学的研究，回昆至云南大学任教，从事历史地理研究。此后毕生投身于此事业中，取得丰硕成果，成为中国西南史地研究的奠基人。

方国瑜在指导学生

江应樑拟定边疆开发方案

1943 年 9 月，云南省民政厅成立边疆行政设计委员会。江应樑曾任边疆行政设计委员会主任，主持制定了系列边疆开发方案。另外，江应樑曾任车里（今云南景洪）县长，为当地拟定了发展规划。

江应樑

江应樑（1909—1988），祖籍广西贺县（今贺州市），出生于云南昆明。历任暨南大学南洋文化事业编辑部干事、珠海大学文史系主任、云南大学西南边疆民族历史研究所所长等职。中国民族研究学会理事、中国百越研究学会名誉理事、中国民族学研究会顾问、中国人类学会理事主席团成员、少数民族五种丛书编辑委员、云南省史学会理事。1938 年 11 月，中英庚款董事会资助科学人员到云南大学继续研究，江应樑和费孝通、岑家梧、白寿彝等一起成为首批受聘的 8 名研究人员之一。受聘后，江应樑深入大凉山腹地和西双版纳地区考察。1947，江应樑受聘为中山大学、珠海大学教授。1948 年 10 月，江应樑受云南大学聘

工作中的江应樑

请，任云南大学教授。1950年，江应樑参加了中央民族访问团并任团委，到云南武定、丽江、维西、芒市等地调查。1953年院系调整后，江应樑的研究以中国民族史为重点。1979年，他创办云南大学西南边疆少数民族历史研究所并任所长。1984年，江应樑被聘为云南大学博士生导师，同年出版《傣族史》，并荣获云南省社会科学优秀成果一等奖。江应樑、林超民组织云南大学历史系教师编写的《中国民族史》于1990年出版，荣获第五届中国图书奖二等奖和全国高等学校人文社会科学优秀成果一等奖。

1937年，江应樑（左）、刀京版（中）、刀保圉（右）在干崖（今云南盈江）和傣族群众合影

1937年，江应樑（左）与芒市安抚司代办方克光（右）合影

1937年，江应樑和景颇族群众在德宏遮放合影

西南文化研究室整理出版中国西南及邻国文献

1942 年 7 月，“为敦请校内外之著名学者对于西南之语文、地理、社会、经济等问题作有计划之研究，以发扬西南文化”，云南大学成立西南文化研究室，方国瑜任主任。姜亮夫、徐嘉瑞、楚图南、陶云逵、陈定民、白寿彝为西南文化研究室研究员。

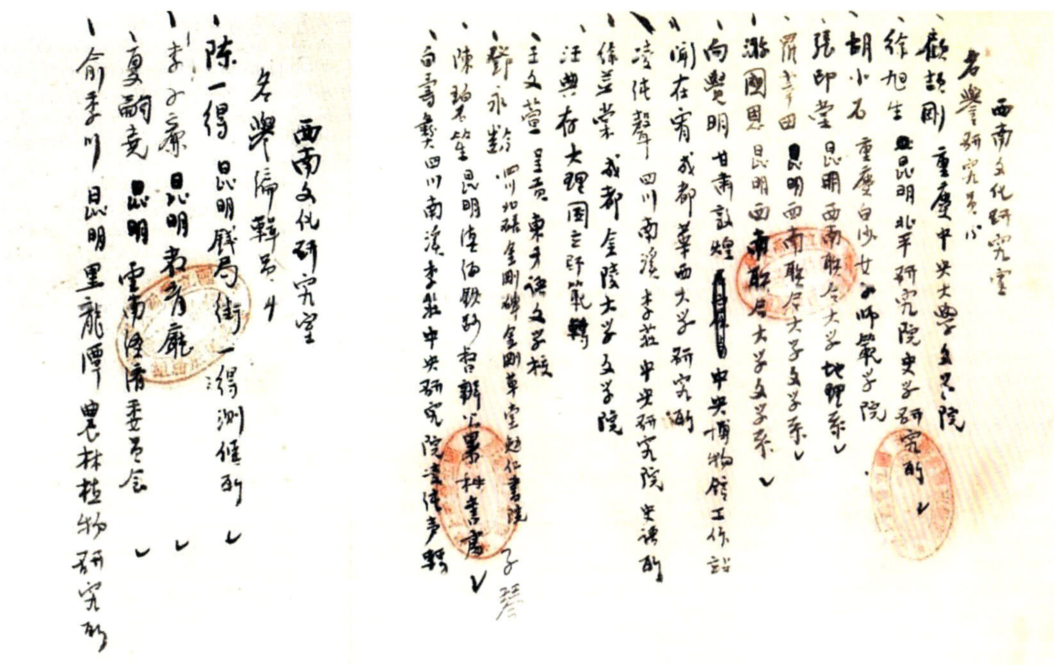

西南文化研究室档案材料

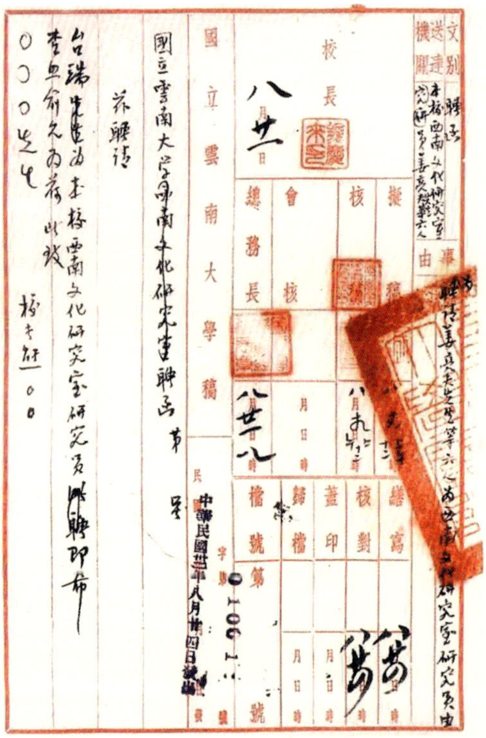
國立雲南大學稿

國立雲南大學西南文化研究室聘函 第 號

茲聘請 台端為本校西南文化研究室研究員

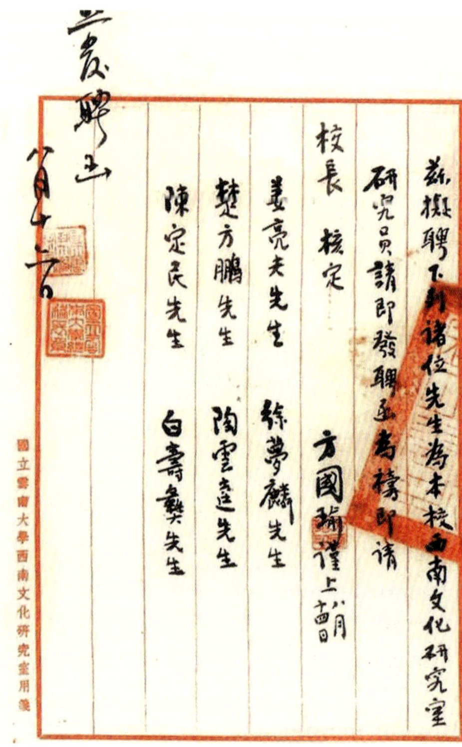
茲擬聘下列諸位先生為本校西南文化研究室研究員請即發聘函為禱即請

校長 核定

方國瑜謹上

姜亮夫先生 徐夢麟先生

楚方鵬先生 陶雲逵先生

陳定民先生 白壽彝先生

國立雲南大學西南文化研究室用箋

西南文化研究室聘函档案材料

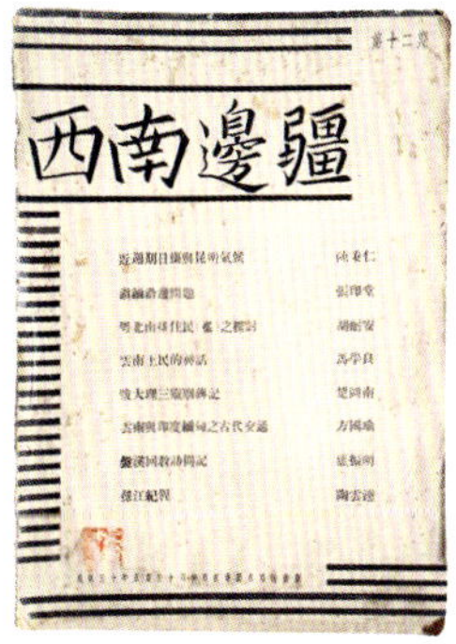

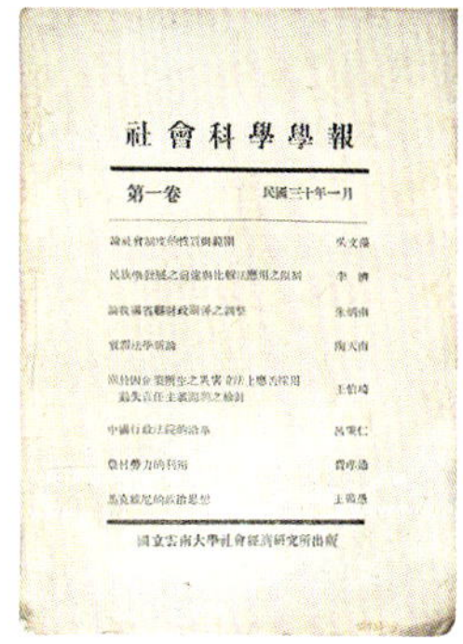

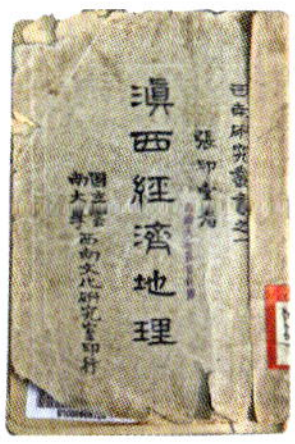

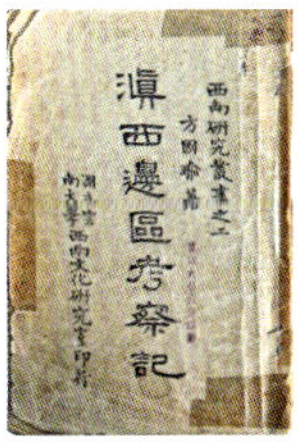

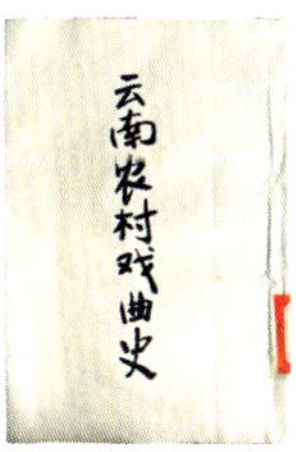

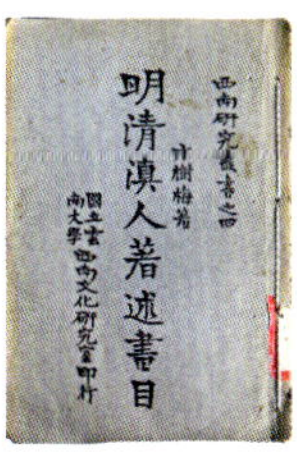

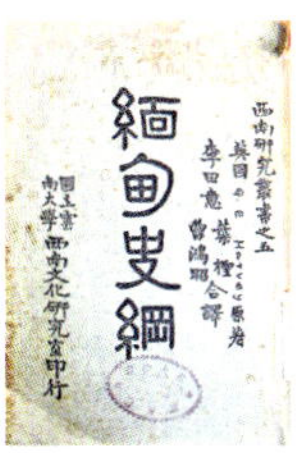

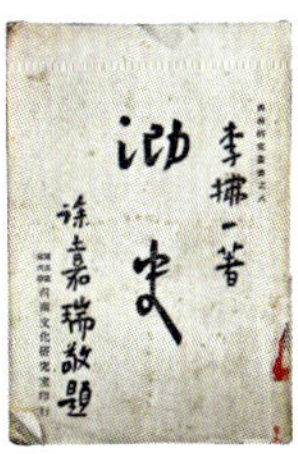

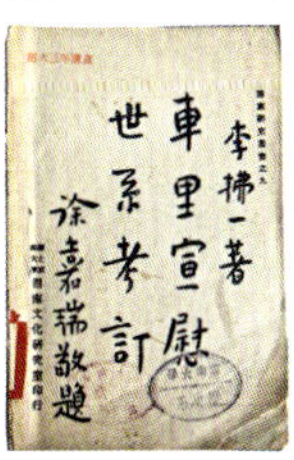

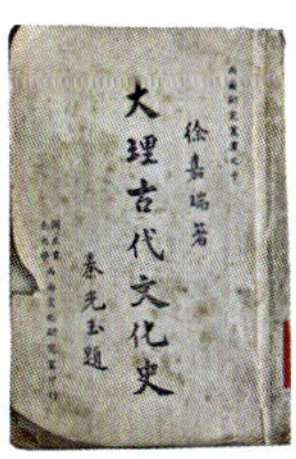

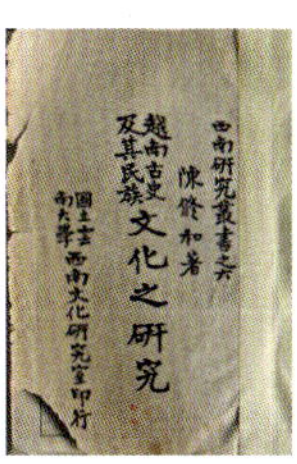

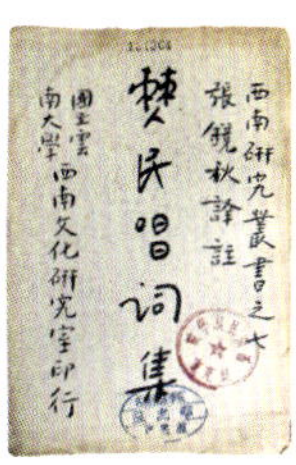

西南文化研究室克服重重困难，组织学术考察，并出版了大量优秀著作和译作，先后编印了《西南文化研究丛书》共 10 种。

张印堂：《滇西经济地理》

方国瑜：《滇西边区考察记》

徐嘉瑞：《云南农村戏曲史》

方树梅：《明清滇人著述书目》

李田意、叶柽、曹鸿昭：《缅甸史纲》

陈修和：《越南古史及其民族文化之研究》

张镜秋：《僰民唱词集》

李拂一：《泐史》

李拂一：《车里宣慰世系考订》

徐嘉瑞：《大理古代文化史》

《西南边疆》成为讨论西南边疆问题的重要阵地

《西南边疆》是由方国瑜等创办于昆明的一份重要的学术刊物。刊物秉承“以学术研究的立场，把西南边疆的一切介绍于国人，期于抗战建国政策的推行上有所贡献”的宗旨，留下了许多宝贵资料，在今天仍有较高的参考和研究价值。

批驳“南诏泰族王国”说

19 世纪末 20 世纪初，英法帝国主义在侵占缅甸、印度支那半岛后，妄图进一步侵入我国云南边疆。西方一些学者开始说南诏国是泰族建立的国家，为西方殖民主义侵略和分裂云南制造“历史依据”，产生了恶劣的影响。1939 年 12 月，方国瑜在《新动向》二卷第六期发表《南诏是否泰族国家》一文，以令人信服的缜密考究，论证了南诏不是泰族建立的独立国家。以云南大学方国瑜为代表的学者们，向西方学术界的错误观点发起了挑战，有力维护了国家领土的完整。

三、民族危机与“魁阁精神”的孕育

抗战时期，面对民族存亡危机，中国民族意识觉醒。

为了更准确地理解中国社会、解决现实问题，1939 年，云南大学成立社会学系，吴文藻为首任社会学系主任。随后，与南迁的燕京大学合组社会学研究室，费孝通、陶云逵、许烺光、林耀华、瞿同祖、史国衡、田汝康、张之毅、谷苞、胡庆钧等先后加入社会学系及研究室开展工作。为躲避日本飞机轰炸，1940 年 10 月，在继任系主任费孝通的领导下，研究室迁至昆明郊区呈贡古城村魁星阁。在极为简陋的条件下，他们秉承学术报国、奋发图强的“魁阁精神”，在农村、工厂、矿山和民族地区展开实地调查，完成了《云南三村》《汉夷杂区经济》《芒市边民的摆》等一批高质量的研究成果，开创了中国社会学民族学的“魁阁时代”。

社会学系成立

1938 年冬，在熊庆来校长的支持下，国立云南大学成立了社会学系筹备组。1939 年 5 月，教育部同意建立云南大学社会学系。吴文藻出任系主任。吴文藻聘请了从英国归来的费孝通、许烺光，从美国归来的林耀华，从德国归来的陶云逵等来系任教。此外，西南联合大学教授陈达、潘光旦等亦曾不同程度地参与过云南大学社会学系的教学工作。

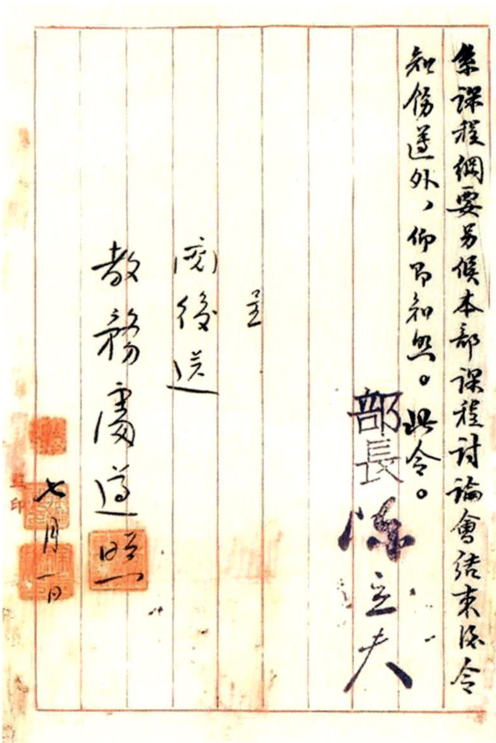

案课程纲要另候本部课程讨论会结束后令知饬遵外，仰即知照。此令。

部长 陈立夫

呈

院修送

教务处道照

七月一日

教育部照准云南大学设立社会学系令

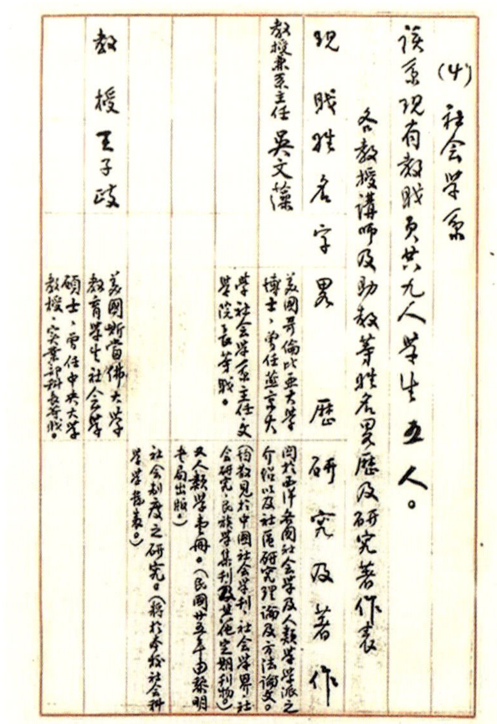

(4) 社会学系

该系现有教职员共九人，学生五人。

各教授讲师及助教等姓名、履历及研究著作表

职别	姓名	字	履历	研究及著作
教授兼系主任	吴文藻		美国哥伦比亚大学博士，曾任燕京大学社会学系主任、文学院长等职。	关於西洋各国社会学及人类学学派之介绍以及社区研究理论及方法论文。（散见於中国社会学刊、社会学界、社会研究、民族学集刊及其他定期刊物）又人类学专册。（民国廿五年由黎明书局出版）
教授	王子政		美国斯坦福大学教育学士、社会学硕士，曾任中央大学教授、实业部科长等职。	社会制度之研究。（将於本年社会科学丛书出版）

社会学系情况档案材料

社会学系师生在大麻苴村工作站

社会学系学生在幼儿园参观、调查

社会学系学生在昆湖电厂参观、调查

社会学系师生合影

社会学系师生合影

社会学系师生在西山

1944 年，社会学系师生合影

社会学系师生合影

社会学研究室的组建

1939 年，在吴文藻的主持下成立了社会学研究室。研究室受教育部、农民银行、洛克菲勒基金会资助，致力于云南农村经济、乡镇行政及工区、工厂、劳工等方面的调查研究工作。研究室最初名为“燕京大学—云南大学社会学实地调查工作站”，后改为“云南大学社会学系研究室”。由于昆明城频遭日本飞机轰炸，1940 年研究室疏散到昆明郊区呈贡县城附近的古城村，办公点设在当地的魁星阁。在十分艰苦的条件下，研究室成员完成了一批举世瞩目的成果，形成“魁阁时代”。

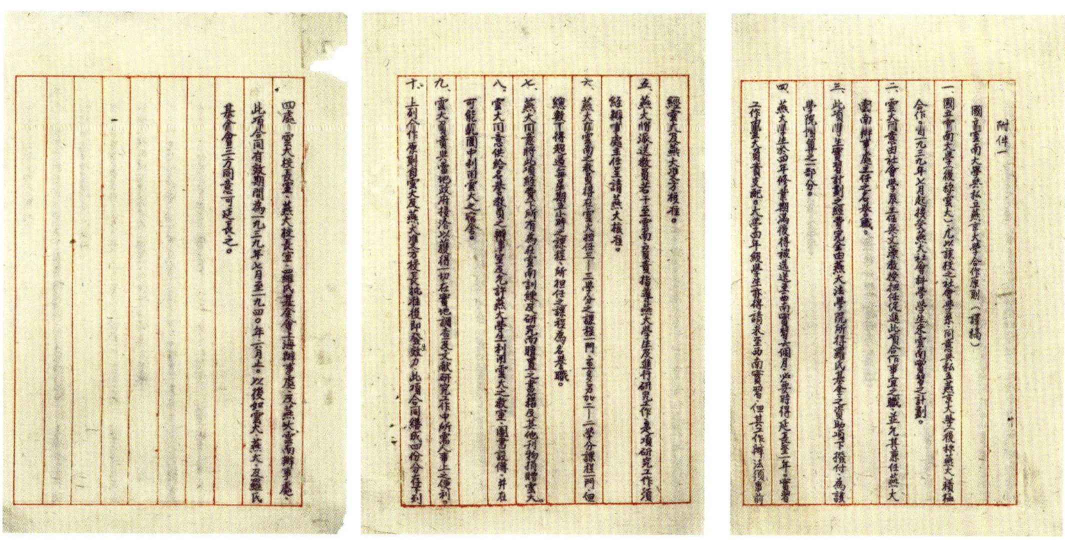

云南大学与燕京大学订立合作原则的档案

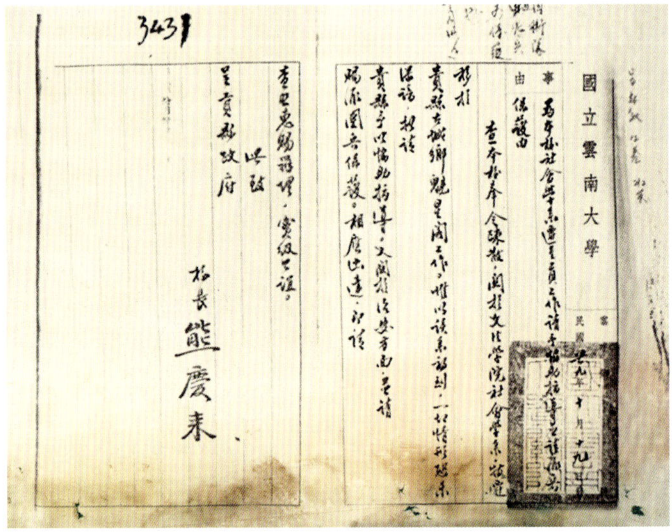

云南大学为社会学系疏散到魁星阁时给呈贡县政府的函

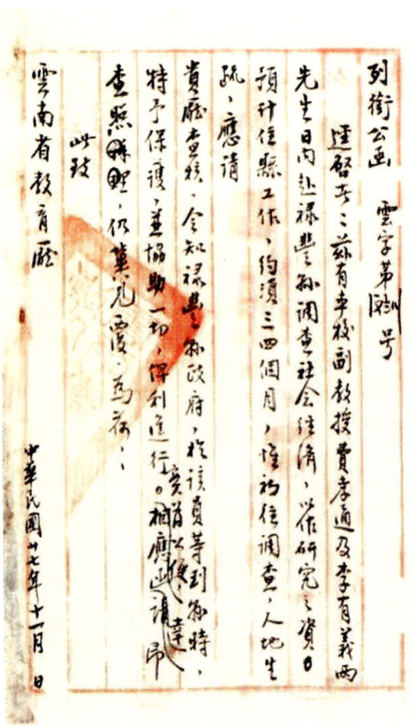

云南大学为费孝通等开展田野调查出具的介绍信

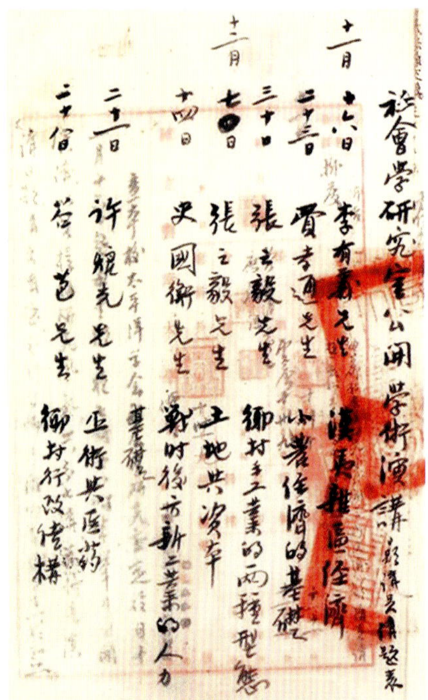

社会学研究室公开学术演讲的布告

“魁阁”主要学者简介

费孝通　许烺光　瞿同祖
史国衡　田汝康　张之毅
谷　苞　胡庆钧　李有义

费孝通

费孝通（1910—2005），江苏吴江人。中国社会学家、人类学家、民族学家。曾师从英国著名人类学家马林诺夫斯基，获得人类学博士学位，1938年从英国回国后，受邀至云南大学任教。1939年底费孝通全面主持云南大学社会学系及社会学研究室的工作。云南大学社会学研究室疏散到呈贡魁星阁后，他带领研究室继续开展研究工作，开创了“魁阁时代”。1938—1939年，以费孝通为首的研究团队到禄村开展田野调查。1945年，费孝通用英文对其禄村的研究成果以及张之毅对易村和玉村的研究成果进行了整理，并以 *Earthbound China: A Study of Rural Economy in Yunnan* 之名先后在美国的芝加哥大学出版社和英国的

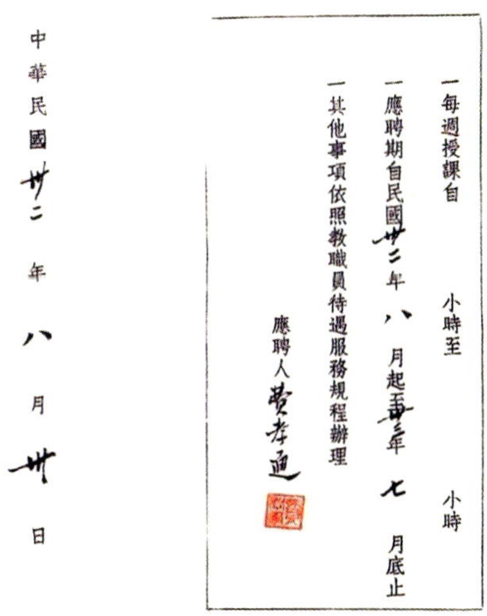

一每週授課自　小時至　小時
一應聘期自民國廿七年八月起至廿八年七月底止
一其他事項依照教職員待遇服務規程辦理
應聘人費孝通
中華民國廿七年八月卅日

费孝通聘书

Kegan Paul书局出版，从而使《云南三村》为国际人类学界所知。此书被视为费孝通的代表作之一。1946年“李闻事件”后，费孝通被迫离开昆明前往英国避难。1947年，费孝通返回北平，任清华大学教授。中华人民共和国成立后，历任中央民族学院副院长、中国社会科学院社会学研究所所长、中国社会学会会长、全国人大常务委员会副委员长、全国政协副主席等。

1944 年，费孝通在“魁阁”

1939 年，费孝通（后排右 3）在禄村做田野调查

《祖荫下》封面

许烺光

许烺光（1909—1999），辽宁庄河人。1940年获伦敦大学博士学位。毕业后，许烺光受费孝通之邀到云南大学任教，加入“魁阁”从事研究工作。1941年转至华中大学执教。1942年，许烺光重回云南大学，并在费孝通访美期间担任代理站长。在云南工作期间，他在大理喜洲调查宗教仪式，完成论稿《滇西的巫术与科学》，这是后来出版的《驱除捣蛋鬼》一书的前身。在此次调查的基础上，许烺光在美国完成其名著 *Under the Ancestor's Shadow: Kinship,Personality and Social Mobility in China*，即《在祖先的庇荫下》（也译为《祖荫下》）。该书成为国外认识中国社会与文化的代表性著作。1944年许烺光赴美国，1977年当选美国人类学协会主席。

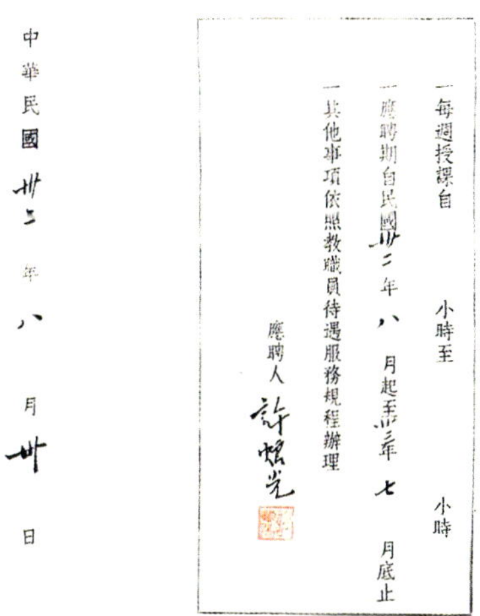

一每週授課自　小時至　小時

一應聘期自民國卅二年八月起至卅三年七月底止

一其他事項依照教職員待遇服務規程辦理

應聘人 許烺光

中華民國卅二年八月卅日

许烺光聘书

瞿同祖

瞿同祖（1910—2008），出生于湖南长沙。1936年毕业于燕京大学，师从吴文藻和杨开道。1939年辗转来到昆明，开始在云南大学社会学系执教。瞿同祖利用社会学的方法和观点研究中国传统社会，写作了《中国法律与中国社会》一书。该书被收入吴文藻主编的《社会学丛刊》，为甲集第五种，于1947年由上海商务印书馆出版。1981年修订再版。书中提出法律与风俗习惯、伦理道德存在密切的关系，主张应将法律与社会结合起来进行研究，还涉及家族、婚姻、巫术及宗教诸种现象，是中国最早应用社会学人类学的方法研究古代社会的著作之一。

史国衡

史国衡（1912—1995），湖北随州人。1939年8月毕业于西南联大文法学院，留校做助教，并在清华国情普查研究所工作，先后参加了呈贡县（今呈贡区）的人口普查和农业普查的工作。1941年到云南大学社会学系工作，成为“魁阁”成员。史国衡的代表作——*China Enters the Machine Age*（《昆厂劳工》）于1944年在哈佛大学出版社出版。1945年，他前往哈佛大学学习并开展研究工作，1948年7月回国在清华大学任教授。

田汝康（1916—2006），云南昆明人。1935—1937 年就读于北京师范大学，后因抗日战争转入昆明国立西南联合大学，1940 年获文学学士学位。在读期间田汝康受费孝通、吴文藻的影响，对社会调查和田野工作产生浓厚兴趣，毕业后他继续追随费孝通加入“魁阁”，之后，他远赴芒市傣族地区进行田野调查，并完成《摆夷的摆》一书，该书被收入《社会学丛刊》，为乙集第四种，1946 年由重庆商务印书馆出版，书名改为《芒市边民的摆》。在参与工厂实地调查的基础上，他还完成了《内地女工》一文。

田汝康

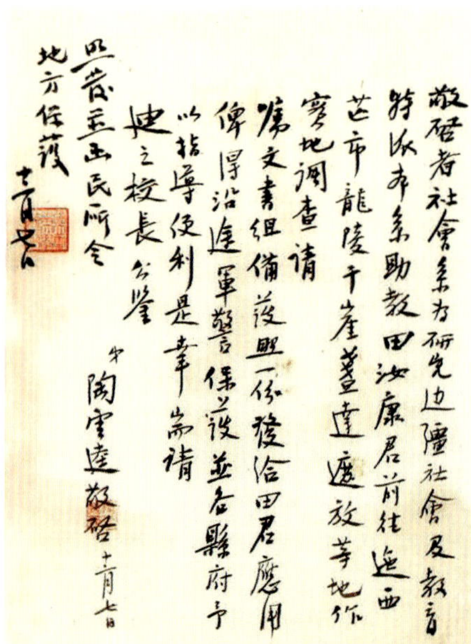

敬啓者社會系為研究边疆社會及教育
特派本系助教田汝康君前往滇西
芒市龍陵干崖盞達遮放等地作
實地調查請
據文書組備護照一份發給田君應用
俾得沿途軍警保護並各縣府予
以指導便利是幸耑請
建之校長公鑒
弟陶雲逵敬啓 十月七日

照發並函民所令
地方保護
十月七日

云南大学委派田汝康赴芒市调查的证明档案材料

张之毅

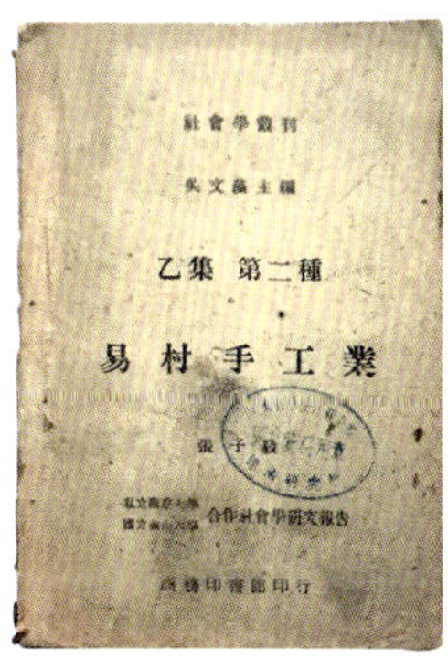

张之毅（1919—1987），字子毅，湖南醴陵人。1939年7月，从西南联大历史社会学系毕业后到云南大学执教，加入“魁阁”。1939—1948年，他先后任云南大学社会学研究室和社会学系副教授、代理系主任。1939年与费孝通一道深入楚雄“禄村”和“易村”（今禄丰县大北厂和李珍庄村）从事社会学调查研究。在此调研基础上，张之毅写成了《易村手工业》一书，对易村人民的生产生活做了详尽的描述。《易村手工业》于1943年由重庆商务印书馆出版，并收入由吴文藻主编的《社会学丛刊》，为乙集第二种。1940—1941年，张之毅至魁星阁附近“玉村”调研，写成另一本重要著作《玉村商业和农业》。1943—1944

年，费孝通访美时，将《禄村农田》《易村手工业》和《玉村农业和商业》并为 *Earthbound China: A Study of Rural Economy in Yunnan* 一书，1945年由芝加哥大学出版社出版，后来收入英国 Kegan Paul书局的“国际社会学丛书”。

张之毅在做调查

张之毅在做调查

谷苞

谷苞（1916—2012），甘肃兰州人，民族学、社会学、历史学家。1941 年从西南联大毕业后，在云南大学和燕京大学任助教，“魁阁”重要成员。在费孝通指导下，谷苞对云南昆明呈贡县乡村的传统行政组织做了严密、细致地调查，并对民国时期云南基层行政组织的作用做了客观的分析，形成《传统的乡村行政制度》一书。书稿中部分论文在当时昆明出版的《自由论坛》和重庆出版的《新经济》刊物上发表。

胡庆钧（1918—2015），湖南宁乡人。1945年，胡庆钧被云南大学社会学系聘为讲师，负责讲授人类学课程，同年即加入“魁阁”，随费孝通从事研究工作。1945—1947年的寒暑假，胡庆钧在云南省呈贡县龙街乡“河村”和“安村”调查基层地方权力结构，后依据对这两地的调查写成报告《云南呈贡基层权力结构》，在“魁阁席明纳”上做了汇报。报告中的部分内容如《论保长》《农村绅士的合作与冲突》《衙门与绅士之间》《中国农村社会阶层的分化——绅士与农民》《传统农村的社会流动》《论乡约》《论绅权》等单篇文章发表于《观察》《世纪评论》《新路周刊》等刊物。其中，《论保长》《论乡约》《论绅权》三篇收入费孝通、

胡庆钧

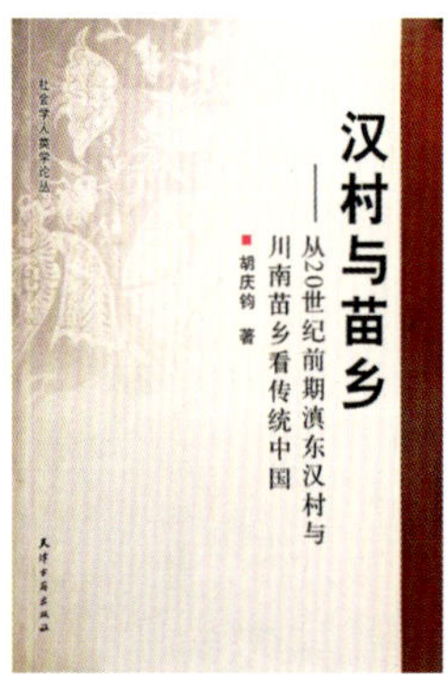

《汉村与苗乡》封面

吴晗等著的《皇权与绅权》一书。胡庆钧晚年将他于20世纪40年代在云南呈贡两村和四川叙永地区进行调查的资料整理、修改，辑于《汉村与苗乡——从20世纪前期滇东汉村与川南苗乡看传统中国》一书，于2006年由天津古籍出版社出版。

“魁阁”学者在呈贡做社会调查

李有义（1912—2015），山西清徐人。1931 年，李有义考入燕京大学新闻系，后在吴文藻影响下转入社会学系。1937 年夏考入燕大研究生部。1938 年秋，李有义随费孝通到禄丰做社会调查。1939 年，完成硕士学业后，他成为云南大学社会学系专任讲师。1939—1944 年，李有义一直参与“魁阁”的研究活动。他根据自己在路南撒尼地区所做的有关社区经济结构的调查，写成《汉夷杂区经济》一书。1944 年，他晋升为云南大学社会学系副教授。同年，吴文藻荐他到国民政府蒙藏委员会驻藏办事处工作。1955 年，中央提出要在全国范围内对各个少数民族地区进行深入的社会历史调查。李有义负责西藏调查组，于 1956 年 6 月出

李有义

“魁阁学者”的研究成果

1. 吴文藻与《社会学丛刊》

吴文藻在云南大学任职期间，主持编写了《社会学丛刊》，丛刊分甲集与乙集两种。“甲集以社会学理论及方法为范围，乙集以各处社区之实地调查报告为范围。”“乙集专收各型社区的实地调查报告，有属于边疆民族的部落社区者，有属于内地工业前期的村镇社区者，有属于初期工业化的近代都市社区者。”此刊在当时影响很大，推动并见证了人类学“中国学派”的发展。

发前往西藏，经历了一年的调查考证后返回北京。此行不仅扩展了李有义对西藏社会的认识与研究，并且为推进新中国在藏族地区的民主改革作出了贡献。

《社会学丛刊》总序

本丛刊之发行，起于两种信念及要求：一为促使社会学之中国化，以发挥中国社会学之特长；一为供给社会学上的基本参考书，以辅助大学教本之不足。丛刊内容暂时分为甲乙两集，甲集以社会学理论及方法为范围，乙集以各处社区之实地调查报告为范围。中国社会学尚在草创时代，故创作与译述，不得不兼收之。兹就社会学之中国化，基本参考书之供应，以及甲乙两集之编纂三点略分论之。

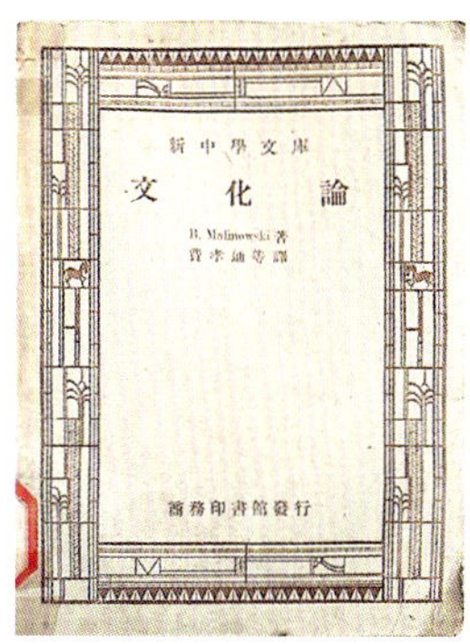

（一）社会学之中国化　社会学诞生于中国，将近 40 年，而大学之开讲社会学，至多不过 30 年。始而由外人用外国文字介绍，例证多用外国材料。继而由国人用外国文字讲述，有多讲外国材料者，亦有稍取本国材料者，又继而由国人用本国文字讲述本国材料，但亦有人以一种特殊研究混作社会学者，例如：有以社会学为社会问题的研究者，亦有以社会学为唯物史观或辩证法的研究者。要之，当此期间，社会学在知识文化的市场上，仍不脱为一种变相的舶来品。

近十年来，社会调查与社会统计的风气颇为流行；搜集事实及尊重知识的重要，逐渐被人认识，此本为科学进步极好的征象。不幸又有人误信“科学即测量”者，甚至亦有误信“在实地调查以前，脑中应只有一张白纸”，即为严守科学精神者，殊不知一切科学工作的进行，事前必须悬有一种可以运用的假设。假设与科学绝不可分。我们的立场是：以试用假设始，以实地证验终。理论符合事实，事实启发理论，必须理论与事实糅和一起，获得一种新综合，而后现实的社会学才能植根于中国土壤之上，又必须有了本此眼光训练出来的独立的科学人材，来进行独立的科学研究，社会学才算彻底的中国化。

（二）基本参考书之供应　查欧美各大学本科就学生青年必读之书，除了西洋典籍之外，至少尚有两大类：一是标准教科书，一是基本参考书。前者盛行于美国，后者则通行于欧洲各国。惟近年来美国先进学者，已觉教本内容包罗万象，难免肤浅，青年阅读以后，在学术思想上，并不能得到真正的修养，及严格的训练。年来国内各大书坊，因迎合潮流，对于大学丛书——特别可以采用为教本者——颇为提倡。此于大学教材标准之划一及教学程度之提高，固不无小补。但一方面亦不免使读者养成“教本蔽”的心理习惯，或竟驱使求智欲极强盛的青年误入歧途，沾染了“思想公式化”的流行病。这在青年思想上，实潜伏着很大的危机。我们有鉴于此，愿就在适应时代需要的前提下，来充量介绍及发挥一派一家之言，俾使青年得有机会，锻炼“思想系统化”的头脑。今日思想界所需要的刺激，是学派之争，而不是门户之见。苟欲纠正复杂错误的思想，这或许是最灵验的药剂。

（三）甲乙两集之编纂　本丛刊的主旨是要在中国建立起比较社会学的基础，欲建立巩固的基础，必须一面介绍健全的理论和方法，一面提供正确的实地调查报告。所谓比较社会学，最简单言之，即系应用类似自然科学上的方法——即比较法，对于各地现存的社区，作系统而精审的观察。现代社区的核心为文化。因此，也可以说，社会学便是社区的比较研究，文化的比较研究，或制度的比较研究。这样的比较社会学是包括了通常所谓之“农村社会学”与“都市社会学”、“社会人类学”与“文化人类学”或“民族学”与“民俗学”的园地，因为现在各国社会学与人类学所研究的目的、题材、观点及方法实在全是一样的，并且这种看法与我国国情最为吻合！

“社区”“文化”“制度”及“功能”，皆系社会学上的基本概念。这些概念与其他若干重要概念，密切连系起来，组成一个体系，即是比较社会学上的“概念格局”（Conceptual

Scheme）。这种概念格局，在一切科学思辨工作上，是必不可少的工具。为要发展比较社会学的园地，凡关于社会与社区、文化与文明、组织与制度、结构与功能，以及人与人的社会关系等等的基本学理，都想分别予以介绍及发挥。介绍虽以限于一派一家之言为主体，但相反相成的理论，具有特独的贡献者，亦在采纳之列。

甲集征稿的范围，除普通社会学外，亦兼及特殊社会学：有关于文化的功能方面如经济社会学、法律社会学、宗教社会学、道德社会学或艺术社会学；也有关于团体的制度者，如家族社会学、阶级社会学、专业社会学、民族社会学或国家社会学，此外亦兼收关于历史上社会制度的专题研究，或当代社会变迁的研究。因为必须在特殊社会学方面先行表现了成绩，普通社会学才能立下根基来；并且必须在专论（Monograph）社会学发达以后，比较社会学才有真正立足之地。

专论社会学是社会学方法论发达以后的产品，它所企求的科学程度，较一般水准来得高，譬如理论与事实之间，必须完全契合。这种契合，一方面可给理论以健全的基础，一方面可给事实以科学的结构，因此，社会学不仅仅是单纯的事实的科学，而乃是必须以事实为根据的理论的科学。又上面曾说本着功能的观点，来考察现代社区，究竟什么是功能观点，极简单的说，就是先认清社区是一个，整个就在这整个的立足点上来考察它的全部社会生活，并且认清楚这社会生活的各方面是密切相关的，是一个统一体系的各部分，要想在社会生活的任何一方面求得正确的了解，必须就从这一方面与其他一切方面的关系上来探索穷究。例如若是要想了解某一村落的经济生活，就必须考察经济与家族宗教间的关系，经济与宗教巫术间的基础，乃至经济与法律道德间的关系，换言之，每一种社会活动，不论它是风俗、制度或信仰，都有它的独特的功能，非先发见它的功能，不能了解它的意义。任何活动的功能，便是它在社区视为统一体系下的全部社会生活上所占的地位。因此，站在方法论上来讲，比较社会学乃是实地应用功能研究法，借以证验假设的一种系统而精审的观察，即是对于所研究的对象，严格加以控制，而后始作的观察，也就是上文所说的比较法。这种比较法，用之得当，则其效力实就等于自然科学上的实验法了。

乙集专收各型社区的实地调查报告：有属于边疆民族的部落社区者，有属于内地工业前期的村镇社区者，有属于初期工业化的近代都市社区者，亦有属于种族、语言、文化各异的杂居社区者。目前本着社会学理论而进行的实地调查工作，尚在初步尝试时期，所以现阶段可发表的各种实地研究专刊，未必能充分满足我们的期望，更说不上真正实现我们的理想。但是，我们深信努力推进实地工作，发表研究专刊，从此痛下苦功夫，以建立"社会学中国化"的基础，这种看法绝对是正确的，这种立场亦确是颠扑不破的。

最后，战时纸张昂贵，印刷困难，人民购买力又极度低降。普通大学丛书，例必数十万言，定价之高，绝非一般读者所敢问津。惟目今国内精神食粮之缺乏，已为大众所公认。为欲迅速供给社会科学之读物，只能采取小型刊物的丛刊方式，以应需要。海内君子幸留意焉！

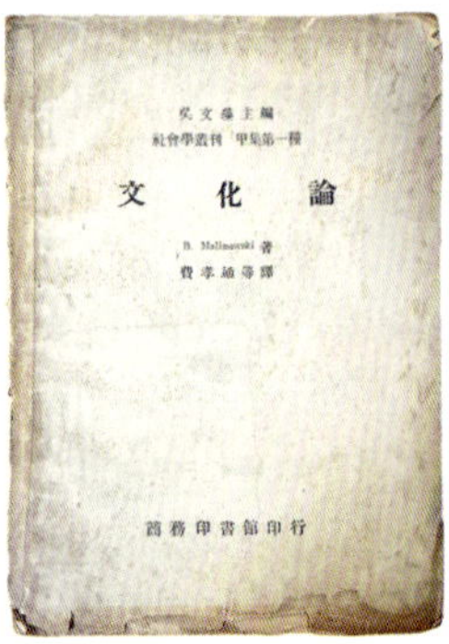

《社会学丛刊》甲集包括马林诺夫斯基的《文化论》（费孝通译）、张东荪的《知识与文化》、弗思的《人文类型》（费孝通译）、费孝通的《生育制度》、瞿同祖的《中国法律与中国社会》；乙集包括费孝通的《禄村农田》、张之毅的《易村手工业》、史国衡的《昆厂劳工》、田汝康的《摆夷的摆》（出版时改名《芒市边民的摆》）、林耀华的《凉山夷家》。

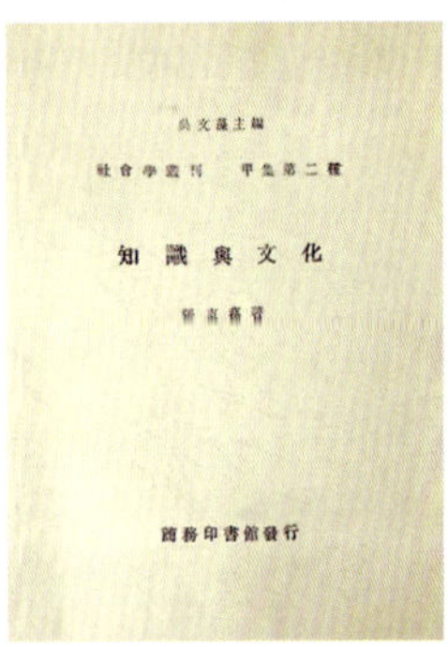

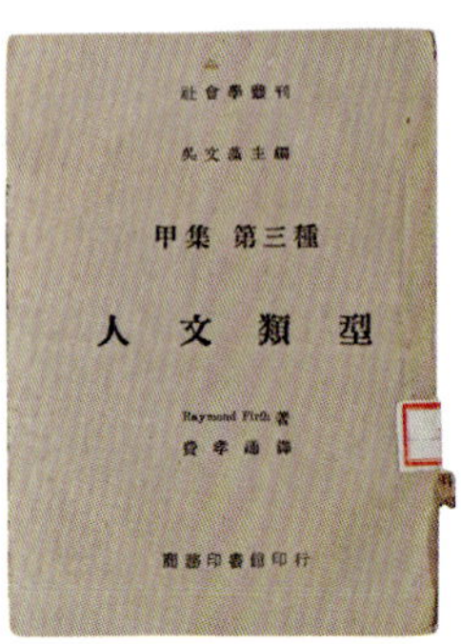

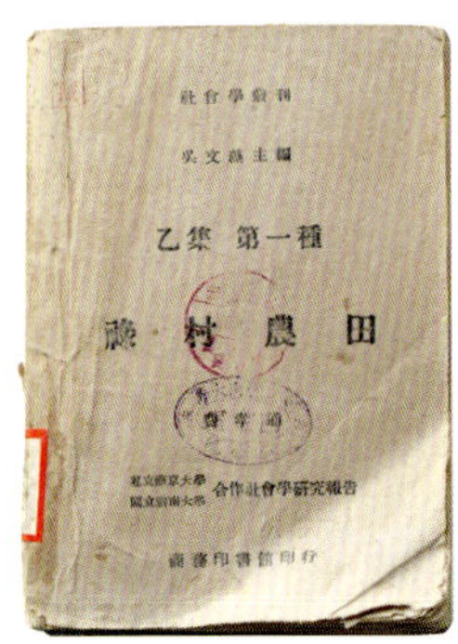

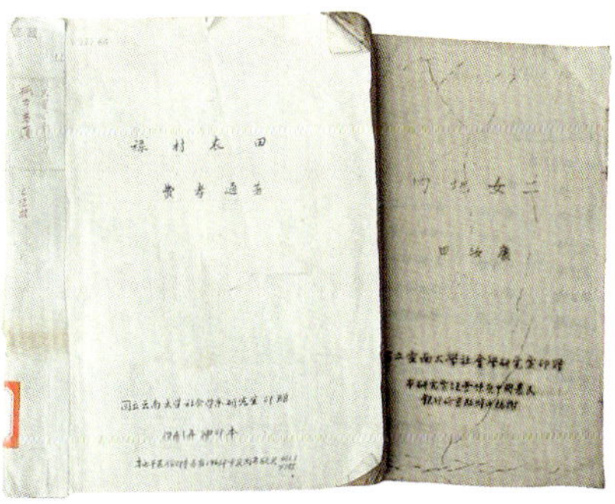

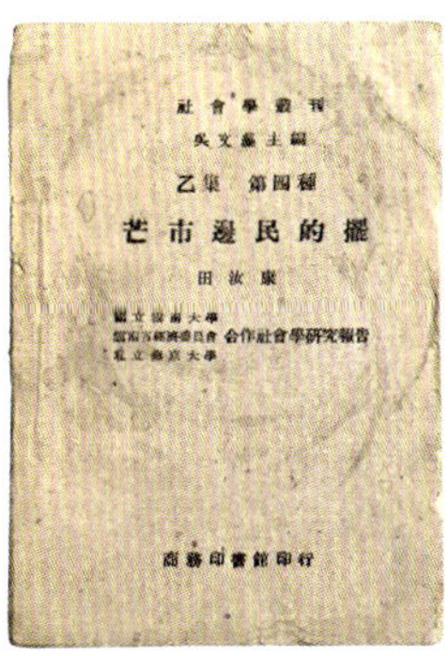

《芒市边民的摆》

费孝通“序言”中对田汝康的研究给予了高度的评价，认为：“汝康在这本书中就把人类学经过了几十年所获得的方法和概念，用具体的例子，介绍给了我们国人。他不但介绍了人类学中最近的成绩，而且也是第一个人用这些方法和概念来实地研究我们自己国内的宗教活动。这是他的处女作，希望他还能继续努力，扩大完整体系的研究范围，完成人类学者尚没有做成的工作。”

2. 英文出版物

1943 年，在赴美开展学术交流活动之余，费孝通将自己与张之毅合著的《云南三村》一书译成英文，1945 年以 *Earthbound China: A Study of Rural Economy in Yunnan* 之名，在芝加哥大学出版社出版。此书随后成为当时海外学术界了解中国农村的必读书目。此前，史国衡探讨云南工厂工人的《昆厂劳工》，以 *China Enters the Machine Age* 为名也由哈佛大学出版社出版。*Under the Ancestors' Shadow: Chinese Culture and Personality* 是许烺光在美国出版的著作，该书以云南大理喜洲镇为田野调查地讨论了中国的祖先崇拜问题。这三本著作代表了当时中国学者在相关领域的最新研究成果，在海外产生了广泛影响。

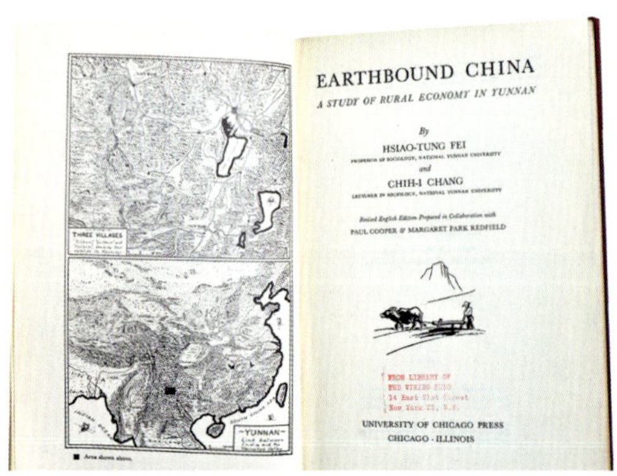

荷塘边的魁星阁

魁星阁内的工作室

“魁阁学者”的活动与社会影响

（魁阁）物质条件很差，但艰苦的工作精神和青年人明确的工作目标，给人深刻的印象。

——费慰梅（大卫·阿古什：《费孝通传》，河南人民出版社 2006 年版，第 75 页）

我还是想继承抗战时期在魁阁的精神，采取亲自带头，引路，开展实地调查的社区研究，然后联系各点的具体情况进而开展经济区域的研究。

——费孝通（国家教委高教司文科处编：《高校社会学在发展》，高等教育出版社 1995 年版，第 10 页）

掩映在树林里的魁星阁

在费先生领导之下，魁阁的工作表现出一种新的优良的作风，这新作风具体的见之于下述四方面：第一是自由研究的风气……；第二是尊重个人的表现……；第三是公开的辩论……；第四是伙伴精神……

——胡庆钧（《费孝通及其研究工作》，《观察》第 4 卷第 23、24 期合刊，观察社 1948 年版，第 23–24 页）

费孝通主持“魁阁席明纳”

1944 年 9 月 3 日，许烺光与来访的多梦西（李约瑟夫人）合影

费孝通、许烺光等在魁星阁用餐

顾颉刚（1893—1980），江苏苏州人。1938年10月，顾颉刚到云南大学任教，讲“经学史”“中国上古史”课，以语体文编《中国上古史讲义》，并将专题研究的结果注于正文后。在昆明期间，他意识到云南边疆少数民族问题的严重性，便在昆明创办《益世报·边疆》周刊，组织边疆学会；又作《中华民族是一个》一文，提出“凡是中国人都是中华民族——在中华民族之内我们绝不再析出什么民族”，以此抵抗日本借“民族自决”分裂中国的企图。文章发表后，唤起时人对中国民族问题的关注。顾颉刚在昆期间的读书笔记《浪口村随笔》（其住所在昆明北郊浪口村），后于1961年编定为《史林杂识初编》。

顾颉刚

中华民族自觉凝聚与中华民族理论的建构

面对边疆和民族危机，中华民族在外争国权、内争民权的过程中，进入了自觉凝聚的历史阶段。云南大学以顾颉刚为代表的学者们率先提出了“中华民族是一个”的论断。这是早期中华民族共同体建设的重大理论突破。围绕中华民族理论展开的这些研究超越了单纯的学术命题，成为中华民族理论构建历史上的重要事件。

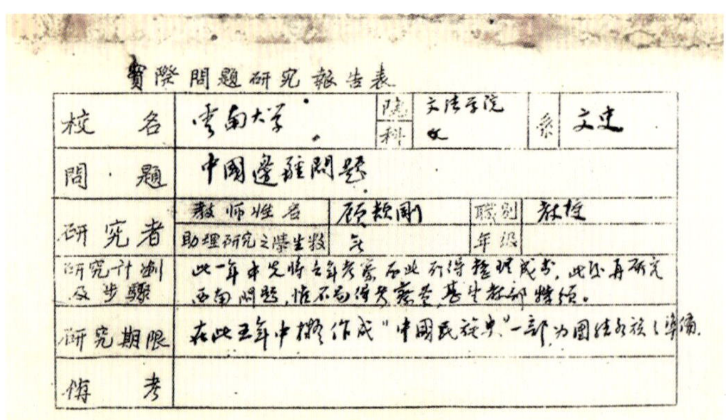

實際問題研究報告表

校名	雲南大學	院科	文法学院 文	系	文史
問題	中國邊疆問題				
研究者	教師姓名	顧頡剛	職別	教授	
	助理研究之學生數	無	年級		
研究計劃及步驟	此一年中先將去年考察西北所得整理成书，此后再研究西南问题，惟不易得参考書，甚望教部特頒。				
研究期限	在此五年中擬作成“中國民族史”一部，为团结民族之準備。				
備考					

顾颉刚申请教育部项目报告表

第二篇

社会主义新型民族关系确立与云南大学民族学研究

（1950—1975）

中华人民共和国成立之初，民族工作局面异常复杂，面对构建新型民族关系，促进民族团结，帮助各民族人民共同进步的艰巨任务，云南大学民族学师生积极投身党的民族工作事业中，参与民族调查、民族识别，为平等、团结的社会主义新型民族关系的建立作出了巨大贡献。

一、调查识别与奠定团结基础

20 世纪 50 年代初期开展的民族识别和民族社会历史调查，为构建平等团结的社会主义新型民族关系奠定了坚实的基础。云南大学全面参与了民族识别和民族大调查工作，推进了平等、团结的中国社会主义新型民族关系的构建，加快了云南各民族融入中华民族大家庭的进程。同时，通过调查识别工作也积累了大量民族志资料，由此开创了中国民族学研究的一段辉煌历程。

参加中央访问团

中华人民共和国成立之初，为消除民族之间的隔阂，

中央访问团到云南

中央访问团到云南

宣传党的民族政策，党和政府决定组织中央民族访问团，深入各民族地区，传达党中央对各族人民的关怀和慰问。从 1950 年 7 月到 1952 年底，中央政府陆续派出了西南、西北、中南、东北内蒙古 4 个访问团。云南大学众多师生参加了访问团，为新中国民族工作的开展提供了有力支撑。

参与民族识别

从 20 世纪 50 年代初开始，党和国家组织大批民族研究者和民族工作者深入少数民族地区，运用马克思主义的民族理论，密切结合中国的历史和实际，对待识别族体的族称、族源、分布地域、语言文字、经济生活、心理素质、社会历史等进行了综合调查和分析研究，并在充分尊重该族体人民意愿的基础上，对全国汇总的 400 多个民族名称进行了科学的辨识。云南民族众多，情况复杂，云南大学师生校友参与了纳西族、彝族、蒙古族等多个民族的识别工作，为推动各民族的平等、团结做出了重要贡献。

杨堃、江应樑等参加少数民族社会历史调查培训会议合影

云南民族调查组成员在西盟大马散驻地合影（前排左 3 为徐志远，后排左 5 为杨堃）

云南大学学生徐志远与佤族父子联名制的首次提供者艾连木铁匠合影

调查组成员在西盟大马散留影

杨堃（左）、傅懋斐（右）拜访大窝郎（中）

民族调查中拍摄的系列照片

8 文化强国

从400多到56，鲜为人知的民族识别往事

杜玉亭与基诺族群众在一起

从400多到56，鲜为人知的民族识别往事

基诺族：最后被确认的民族

1956年底，随着土家族、畲族的确认，中国民族大家庭的成员已经有了52个少数民族，加上汉族一共是53个民族。至此，第一次全国人口普查时自报登记的400多个族体，已经基本完成了识别。

中国最后一个被国家确认的少数民族是基诺族，基诺族的主要识别者是杜玉亭。1958年，从云南大学历史系毕业的杜玉亭被分配到中国科学院哲学社会科学部民族研究所工作，但他报到的地点却是位于昆明的云南少数民族社会历史调查组，接受的第一项任务即是对基诺人进行调查。基诺人居住在云南西双版纳傣族自治州景洪县基诺山，自称“基诺”，古称“攸乐”。基诺人一直被认为是彝族的一个分支，1954年中央民委派出的云南民族识别组由于任务重，识别人员有限，也没有顾及基诺人。

……

1977年12月3日，杜玉亭完成了经基诺代表人物认同的最终识别报告。第二年初，报告送至云南省民委，再报中央。1979年6月6日，国务院正式发布公告确认基诺族为单一少数民族。如此，杜玉亭心中20余年的遗憾终于得以弥补，中国统一的多民族大家庭也正式有了第56个兄弟。1990年，全国第四次人口普查，正式确认中国共有55个少数民族，加上汉族，共56个民族。就全国整体而言，中国56个民族的格局基本确立。

（节选自光明网）

1979年，基诺族妇女在茶园劳动

傅懋勣指导云南大学学生进行民族语言调查的手册

参与云南少数民族社会历史调查

为了摸清少数民族的社会历史状况，抢救行将消失的宝贵的历史文化资料，1956 年，在全国人大民族委员会和中央民族事务委员会的组织下，全国性的少数民族社会历史调查开始。费孝通任云南民族调查组组长，方国瑜、侯方岳任副组长，杨堃、江应樑等率云南大学师生参与了对傣族、彝族、白族、纳西族、佤族等多个民族的社会历史调查。1958 开始，基于调查材料，“民族问题五种丛书”的编撰工作持续推进，马曜、方国瑜、江应樑、王叔武等为云南部分“民族问题五种丛书”的整理出版作出了重要贡献。

1957 年，云大方言调查组在蒙自留影

马曜

马　曜（1911—2006），字幼初，白族，云南洱源人。1947 年至云南大学任教。新中国成立后，马曜在民族战线上开展工作，是中共云南省委民族工作五人小组成员。1951 至 1952 年间，作为云南省民族工作队成员和第二队长的马曜到德宏景颇族地区进行调查。1953 年，马曜再次到潞西的景颇族聚居地区进行调查。结合景颇族实际，他提出了“直接过渡”理论，对边疆少数民族地区的民族工作开展和社会发展作出了重要贡献。1954 年，马曜带队到西双版纳进行调查，调查历时 8 个月，最后完成了《西双版纳社会经济调查总结》等报告。1972 年，马曜筹建云南大学学术刊物《思想战线》，并任主编。1979 年，马曜调任云南民族学院。

二、政策创新与社会实践

新中国成立后，为了促进边疆社会经济文化的发展，开始逐步推进少数民族地区的社会改革。云南大学师生积极投身云南少数民族地区的民主改革和社会主义改造。结合少数民族地区的实际情况，云大学者提出一系列特殊政策措施和方案——马曜提出的“直接过渡”理论和侯方岳等提出的“和平协商”土地改革政策建议都是马克思主义民族理论中国化在云南实践过程中的创举。这些政策的实施有力地维护了国家的统一和边疆地区的稳定，帮助边疆各族人民迅速走上了社会主义道路。

马曜在云南民族工作队时期的留影

1.“直接过渡”理论

马曜通过对景颇族的社会发展情况进行分析，指出云南边疆少数民族的一些地区，土地占有不集中，阶级分化不明显，主要问题是生产落后，而不是阶级剥削，可不必划分阶级和重分土地，通过“和平共处”，“直接过渡”到社会主义；必须大力发展经济和文化，通过互助合作，消灭边疆民族的落后和贫困，发展云南边疆少数民族地区的生产。后其“直接过渡理论”经中共云南省委采纳并上报中央批准实施。实践证明，实施“直接过渡”政策促进了边疆民族地区，尤其是“直过”地区的民主改革、民族

马曜在云南民族工作队时期的留影

侯方岳

侯方岳（1915—2006），四川广安人，1974—1982 年任云南省历史研究所所长、云南大学副校长。曾任中共云南省委第一任秘书长、办公厅主任、中共云南省边疆工作委员会副书记、中国东南亚研究会理事长等职务。1954 年 9 月至 12 月侯方岳率联合调查组两次赴西双版纳调查社会组织和土地制度，提出在暂缓土改的边疆民族地区采取与内地改革不同的和平协商解决土地问题的改革方式（简称“和平协商土地改革”）的建议。1956 年 1 月初中央决定内部勘察中缅边界，侯方岳受命率领多位史学教授查清历代中缅边界变化，查清历史上中缅边界变化及英帝长期侵略造成的南北两段未定界的真实情况。其相关学术论文主要有《论

团结和经济发展。这是我国民族学家以自己的学识服务社会，影响政府决策最成功的案例之一。

2. 和平协商土地改革

1954 年 9 月至 12 月侯方岳率联合调查组两次赴西双版纳调查社会组织和土地制度，对 28 个勐 662 个村寨进行了调查，向云南省委、省政府提出在暂缓土改的边疆民族地区采取与内地不同的和平协商解决土地问题的改革方式的建议。后云南省委、省政府报中央批准后，在部分边疆民族地区“采取自上而下和平协商解决土地问题的改革方法”（简称“和平协商土地改革”）。用和平协商的办法解决土地问题，无论在土地改革和民族工作上都是一个创举。

人类各族历史发展的共同规律——评黑格尔、魏特福格尔、梅洛蒂对亚、非历史发展的偏见之一》《西南民族研究的理论价值和实践意义及世界影响》《云南民族调查和民族问题五种丛书出版的重要意义——在五种丛书第二次工作会议上的发言（提纲）》《关于民族研究中的几个问题》《驳斥帝国主义分子伪学者对白、彝、傣古代史的谬论》等。

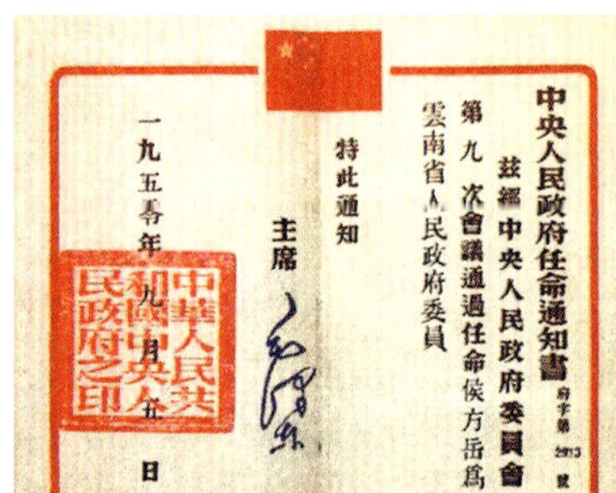

中央人民政府任命通知書 府字第2913號

茲經中央人民政府委員會第九次會議通過任命侯方岳爲雲南省人民政府委員

特此通知

主席

一九五零年九月五日

中華人民共和國中央人民政府之印

中央人民政府政務院任命通知書 政内字第[illegible]號

茲經政務院第四十五次政務會議通過任命侯方岳爲雲南省人民政府民族事務委員會委員

特此通知

總理

一九五〇年[illegible]十一日

中央人民政府政務院印

3. 1958 年中国少数民族社会历史科学纪录片拍摄

新中国成立伊始，为正确执行民族平等与民族团结的民族政策，中央政府在全国范围内开展了少数民族社会历史和语言大调查。其间，作为一种记录手段，电影拍摄首次被大规模地运用到田野调查中。从 1957 年到 1976 年，由全国人大民族委员会主导，由中国科学院民族研究所与各地的调查单位及八一电影制片厂等单位合作，共拍摄了 16 个民族，21 部“中国少数民族社会历史科学纪录电影”，简称“中国民族志影片”。第一批影片涉及云南的有《佤族》《景颇族》《独龙族》《苦聪人》《西双版纳傣族农奴社会》《永宁纳西族的阿注婚姻》《丽江纳西族的文化艺术》等 7 部。云南大学培养的杨毓骧、徐志远、刀永明等为纪录片的拍摄作出了巨大贡献。

刀永明，原名召勐松，出身景谷傣族贵族家庭，1961 年毕业于云南大学，获副博士学位，1961—1962 年参与《西双版纳傣族农奴社会》的拍摄。

影片《西双版纳傣族农奴社会》

影片《独龙族》

杨毓骧，1926年生，云南施甸人，云南省民族研究所副研究员，中国民族学学会会员，中国人类学学会会员，云南楚雄州“俚仆”识别顾问，云南德昂族民族学学会顾问。考察过横人、岔满、德昂等20余种民族。编写过民族简史简志，参加拍摄过《苦聪人》《佤族》《西双版纳傣族农奴社会》《撒梅文化》《苗族采花山》等影片，这些影片真实记录了民族历史的发展。

杨毓骧在拍摄《佤族》时留影

徐志远，1934年生，云南陆良人，1956年云南大学历史系毕业后分配到全国人民代表大会民族委员会，受派到云南民族调查组，参加对边疆少数民族社会历史的大调查。参与顾问、编导拍摄了《佤族》《苦聪人》《景颇族》等民族志电影。

徐志远在佤山整理调查材料

杨堃

杨堃（1901—1998），字象乾，河北大名人。1947年寒假，杨堃接受熊庆来校长聘请，任云南大学社会学系教授兼系主任，开始负责云南大学民族学、人类学的教学和研究工作。杨堃曾在昆明郊区的彝族聚居地设立工作站，他还兼任《云南日报》的社会研究专栏的主编，发表论著《论中国的母系社会制度》（1945年）、《我国民俗运动史略》〈1948年〉、《云南农村》〈1949年〉等。1954年，云南大学社会系撤销，杨堃转入历史学系从事教学和科研活动。在云大任教期间，杨堃率先开设民族学调查方法课程。1954年他参加了全国的民族识别工作，任西盟佤族调查组组长，并在昆明、德宏、楚雄、大理等地区做民族识别和民

三、初创与探索

20世纪70年代，随着平等团结的社会主义新型民族关系的确立，边疆安定、民族团结局面形成，云南大学在教学和科研上不断探索多学科交叉融合的中国特色民族学建设道路。

民族研究与马克思主义民族理论探索

在参与民族识别、民族社会历史调查的过程中，云南大学师生积累了丰富的一手资料，杨堃等学者结合马克思主义经典理论与云南民族的实际情况，开始了马克思主义民族研究理论体系的构建。

族调查工作，撰写和发表了若干调查报告和学术论文。1978年后，杨堃调到北京，在中国社会科学院民族研究所工作。

工作中的杨堃

1956年，杨堃带领云大历史系民族实习组在剑川与民族代表合影

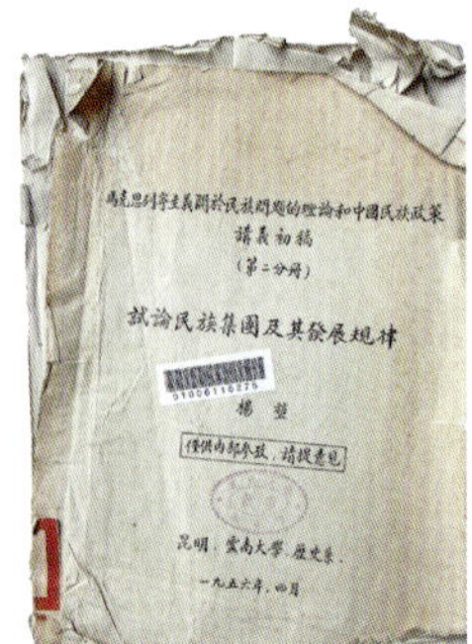

馬克思列寧主義關於民族問題的理論和中國民族政策
講義初稿
（第二分冊）
試論民族集團及其發展規律
楊堃
僅供內部參考，請提意見
昆明 雲南大學 歷史系
一九五六年 四月

刀世勋

刀世勋（1928—2017），傣族，云南车里（今景洪）人。语言学家，曾任云南省政协副主席。原名召孟罕勒，1944 年承袭召片领，1954 年毕业于云南大学历史学系。

就读云大期间，作为代表随西南民族代表团到北京参加国庆活动，受到毛泽东主席以及其他党和国家领导人接见。并参加了西双版纳傣族语言文学组的工作。

民族史研究迅速发展

1955 年 4 月 10 日，周恩来总理到云南大学视察。针对云南地处边疆、民族众多的特点，周总理指示：云南大学要办成一所能体现社会主义伟大祖国边疆文化的大学，“要根据云南的特点，着重研究民族问题，要研究少数民族历史与文化，特别是研究少数民族对我们伟大祖国的贡献”。根据周总理的指示，方国瑜、江应樑和杨堃在历史系组建中国少数民族史教研室，民族史学科获得了长足发展。

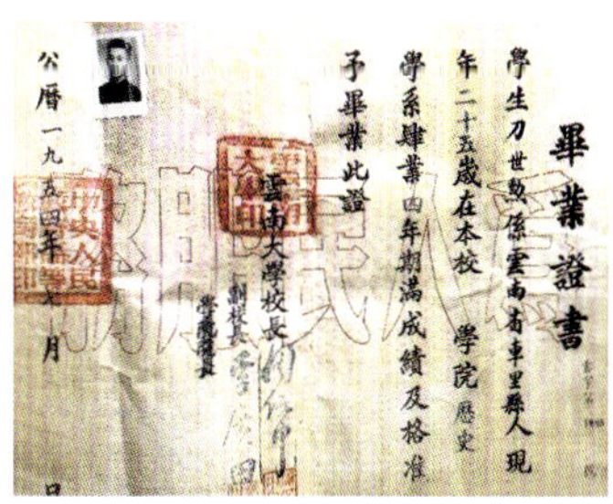
畢業證書

學生刀世勛係雲南省車里縣人現年二十五歲在本校　學院歷史學系肄業四年期滿成績及格准予畢業此證

雲南大學校長

副校長

學院院長

公曆一九五四年七月　日

刀世勋毕业证

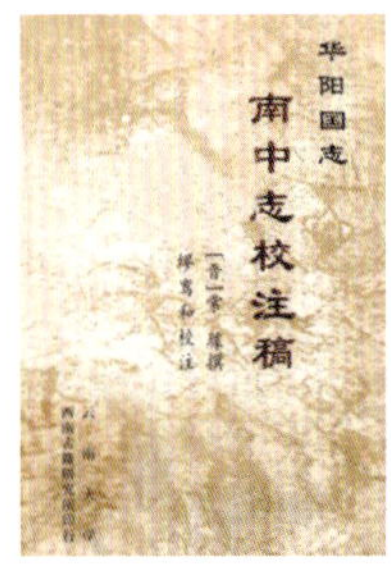

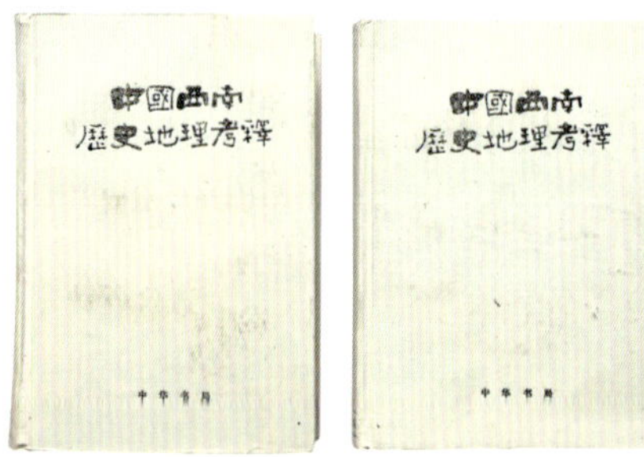

缪鸾和（1916—1979），云南宣威人。1938 年考入云南大学文史系学习。1942 年，毕业后留校任教。1950 年调离云南大学，但仍致力于云南地方史与民族史的文献整理与研究工作。1973 年，他调回云南大学历史系工作。就读云南大学期间，缪鸾和在方国瑜等的指导下对《华阳国志 · 南中志》进行了校勘补注。1942 年，《华阳国志 · 南中志校注稿》完成。20 世纪 50 年代，在民族识别与调查的大背景下，缪鸾和前往禄劝少数民族地区进行了为期一个半月的访问和调查，写下《禄劝县九个单位名称的少数民族初步调查报告》。

考释历史地理，维护领土完整

新中国建立后，方国瑜继续从事历史地理的教学与科研，完成了国家重大工程《中国历史地图集》西南部分的编绘工作，出版了《中国西南历史地理考释》等重要著作。方国瑜、缪鸾和、尤中等学者在西南政区地理、民族地理、地理文献等方面的研究，在中缅、中越勘界中发挥了重要作用，为维护国家领土完整做出了贡献。

尤中

尤中（1927—2021），云南宣威人，1954年云南大学历史系毕业后留校任教。曾任云南大学云南民族史教研室副主任、西南边疆民族历史研究所所长，西南古籍研究所所长，中国百越民族研究学会副会长，《云南省志》副总纂，云南省高等院校古籍整理委员会常务副主任委员。主要学术成果有《云南民族史》《中国西南民族史》《中华民族发展史》等专著10余部，在《历史研究》等发表学术论文50余篇，参著、点校、主编著作20余种。其中6卷本《尤中文集》获教育部第六届高等学校科学研究优秀成果奖一等奖(2012)。

李广田（1906—1968），原名王锡爵，山东邹平人，作家、教育家。1952年9月，任云南大学副校长，主持日常工作（周保中兼任校长）。1956年，升任校长。1959被错划为“右倾机会主义分子”，行政上降为副校长。1962年平反。李广田长期坚持民族民间文学的整理与研究工作，1959年起组织云南大学师生多次到云南各地区搜集整理民族民间故事、传说、民歌等，尤其注意搜集云南和贵州少数民族的一些优秀口头创作。1959年受云南省委宣传部委托，重新整理了撒尼长诗《阿诗玛》，并作长篇序言。其后，又重新整理了傣族叙事诗《线秀》、傣族民间传说《一滴蜜》。李广田曾任电影《阿诗玛》的文学顾问，“文化大革命”期间，李广田整理的《阿诗玛》

李广田

民族民间文学的收集与整理

1958—1963年，由云南大学、昆明师范学院、中国作家协会昆明分会等单位组成的联合调查队，分赴全省少数民族地区进行民族民间文学调查。调查队与地方文艺工作者百余人合作，搜集了大量的各个民族的民间故事、传说、民歌等，这其中有大量成果都是首次面世。调查成果经整理，结集成册出版了《白族文学史》《纳西族文学史》等，为丰富中国文学作出了巨大贡献，推动了民间文学理论层面与资料体系的发展与完善，同时对建立民间文艺学完整的资料体系有重大意义。

德宏调查队在潞西县（今芒市）发帕寨前留影

德宏调查队拍摄的风平赶摆场景

被诬为“大毒草”，本人也遭批斗。于1968年11月2日离世，终年62岁。

全振寰（1912—1999），云南昆明人，作家、文学批评家，笔名全荃。她于1946年8月进入云南大学任教，直至退休，是云大为数不多教龄近半个世纪的女教授之一。1958年，全振寰曾参加西双版纳文学调查队，并任队长。根据调查资料，她陆续发表了《论赞哈的产生和发展》《赞哈的贡献》《〈松帕敏和嘎西纳〉的思想性与艺术性及其产生的时代、地点》等论文。

全振寰

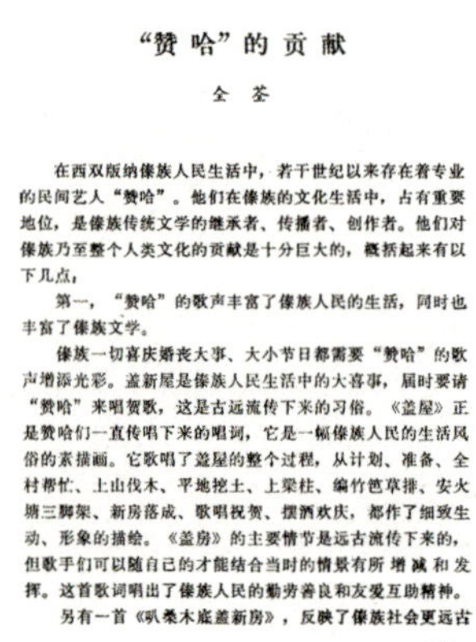

“赞哈”的贡献

全 荃

在西双版纳傣族人民生活中，若干世纪以来存在着专业的民间艺人“赞哈”。他们在傣族的文化生活中，占有重要地位，是傣族传统文学的继承者、传播者、创作者。他们对傣族乃至整个人类文化的贡献是十分巨大的，概括起来有以下几点：

第一，“赞哈”的歌声丰富了傣族人民的生活，同时也丰富了傣族文学。

傣族一切喜庆婚丧大事、大小节日都需要“赞哈”的歌声增添光彩。盖新屋是傣族人民生活中的大喜事，届时要请“赞哈”来唱贺歌，这是古远流传下来的习俗。《盖屋》正是赞哈们一直传唱下来的唱词，它是一幅傣族人民的生活风俗的素描画。它歌唱了盖屋的整个过程，从计划、准备、全村帮忙、上山伐木、平地挖土、上梁柱、编竹笆草排、安火塘三脚架、新房落成、歌唱祝贺、摆酒欢庆，都作了细致生动、形象的描绘。《盖房》的主要情节是远古流传下来的，但歌手们可以随自己的才能结合当时的情景有所增减和发挥。这首歌词唱出了傣族人民的勤劳善良和友爱互助精神。

另有一首《叭桑木底盖新房》，反映了傣族社会更远古

437

朱宜初（1925—2013），云南大学教授，中国少数民族文学学会理事。1925年出生于江西省赣县。1947年考入云南大学文史系，1951年毕业后留校任教，历任中文系文艺理论教研室主任、少数民族文学研究室主任。长期从事少数民族文学的研究和教学工作，多次带领学生到云南各地进行田野调查，主编了中国第一本《少数民族民间文学概论》。

《思想战线》始创之初，立“民族”“边疆”“西部”为学术特色

《思想战线》的前身是创刊于1923年的《东陆校刊》。1938年，《东陆校刊》改名为《云南大学学报》。1975年，经中共云南省委同意，并报请教育部批准，《云南大学学报》改名为《思想战线》。许多著名学者如袁嘉谷、陈省身、闻在宥、冯友兰、楚图南、白寿彝、姜亮夫、徐嘉瑞等都在上面发表过文章，可以说，《思想战线》是新中国不少学术大师的摇篮。《思想战线》从始创之初，就以“民族”“边疆”“西部”为学术特色。长期以来，在坚持“学术立刊”和“注重原创”之办刊宗旨的同时，依托云南边疆区位与民族学、人类学研究资源之优势，关注国家的重大发展战略需求和重大现实问题，巩固发展了优良的学术传统，形成了鲜明的学术特色和深厚的学术积淀，奠定了人类学与民族学学术研究重镇之基。

第三篇

新时期民族团结进步事业与云南大学民族学发展

（1976—2011）

“文化大革命”结束以后，尤其是党的十一届三中全会以后，我国的民族工作进入一个新阶段，推动了我国民族理论的进一步丰富和发展。改革开放后，云南大学恢复重建了民族学及相关学科。1996 年云南大学入选国家“211 工程”重点建设大学，民族学成为云南大学重点建设学科。学科围绕中华民族多元一体格局理论的构建，开展教学和科研工作，成为中国民族学研究的高地、中国民族学高层次复合型人才的培养基地，为新时期民族团结进步事业作出了贡献。

1996 年，"211 工程" 专家论证及立项审核会

一、重建与求真

改革开放以来，立足国家需要和时代要求，云南大学厚植爱国情怀，增强综合素质，构建民族学卓越人才培养新体系，成为中国民族学研究高层次人才培养基地和中国民族事务工作的人才培养基地。先后培育了一批具备高度社会责任感、跨学科知识和国际化视野、能担当中华民族伟大复兴重任的民族学新型拔尖人才；培育了一批专业化的民族工作者，充实到祖国大地的各个角落，充实到民族工作的各个领域中。

民族学学科群的恢复与重建

1. 民族史

1977 年云南大学历史学恢复招生。1981 年云南大学中国民族史获博士学位授权，成为中华人民共和国成立以来的首批博士学位授权点。1986 年中国民族史、中国经济史被列为云南省首批省级重点学科。2006 年，自主增设中国社会史、中国边疆学 2 个二级学科博士学位授权点。2007 年，专门史（经济史、民族史）获准成为国家重点学科。同年，获批云南省哲学社会科学研究基地“滇学研究基地”。

答辩会引起师生们的极大关注

1985 年，云南大学中国民族史专业第一场博士研究生毕业答辩会现场

李子贤（1938—2020），1959年考入首届招生的云南大学中国少数民族语言文学专业，1963年毕业后留校任教，长期从事民族民间文学研究。先后任云南大学少数民族文学研究室主任、云南大学中国西南边疆民族经济文化研究中心常务副主任、云南大学图书馆馆长等职。代表作有《探寻一个尚未崩溃的神话王国》《再探神话王国：活形态神话新论》等。

李子贤

2. 中国民族民间文学

1959年，云南大学中文系设立了中国第一个少数民族语言文学本科专业，招收了1959、1960、1964三届学生。1978年少数民族文学研究室成立。自1977、1978、1979级始，云南大学中文系逐步开设了“民间文学概论”“少数民族民间文学概论”“西南少数民族原始文学”“神话研究”“宗教学导论”“少数民族民间文学选讲”等课程。1983年云大中文系开始招收民间文学方向的硕士生。1992年，国务院学位办批准设立云南大学中国民间文学硕士学位授权点。1997年，教育部将原属中国语言文学一级学科的“中国民间文学”二级学科调整为社会学一级学科下的"民俗学（含中国民间文学）"二级学科，云南大学原"中国民间文学"改称"民俗学（含中国民间文学）"，继续在中文系会同中国少数民族语言文学二级学科，一起招收和培养民间文学与民俗学方向的硕士生。

民族学专业与学位点的设立

为发扬自身深厚的民族学教学研究传统，云南大学报请国家教育委员会批准在云南大学增设人类学本科专业。1987年，获国家教委批准，云南大学正式设立人类学专业。这是继厦门大学之后，全国的第二个人类学本科专业。此后，云南大学的民族学教学科研迅速发展。1996年，云南大学获民族学硕士学位授予权；1998年，云南大学获民族学二级学科博士学位授予权；2000年，云南大学获民族学一级学科博士学位授予权，形成了从本科到博士的完备的人才培养体系。

1. 人类学专业的设立与人类学系的成立

1987年2月，云南大学设立人类学专业，同年5月在历史系设立人类学教研室。此后，又于1997年设立人类学与社会工作系，1999年，正式成立人类学系。

中央民族大学贺云南大学人文学院暨人类学系成立

2. 学位点与民族学博士后科研流动站设立

在人类学专业建设的基础上，1996 年云南大学获得民族学硕士学位授予权。1998 年获得了民族学博士学位授予权。2000 年获得了民族学一级学科博士学位授予权。

“课堂 + 田野 + 影视”的创新人才培养模式

云南大学民族学在秉承学科优良传统的基础上，深刻把握专业人才成长规律，充分利用研究资源的优势，通过丰富教学形式、拓展第二课堂、加强田野实践，推进科研教学结合、推动师生交流，把学科优势与人才培养进行有机结合，力图培养出基础扎实、关切现实、视野开阔、思想活跃的实践型、创新型人才。

1. 核心课程建设

人类学专业自 1988 年开始招生后，先后为各年级开

王筑生（1945—1999），纽约州立大学石溪分校人类学系博士。1993 年底到云南大学历史系人类学专业任教，1997 年任云南大学人类学与社会工作系系主任。

王筑生为人类学专业本科学生授课

设“文化人类学”“体质人类学”“考古学”“语言人类学”“文化人类学理论”“人类学田野调查”等兼具理论性和应用性的课程，并专门开设了“中国民族史”“中国民族概论”等特色课程。教师撰写的专业教材也屡屡获得各类教学成果奖。

2. 教学模式的创新

创新一：夯实田野调查能力　云南大学民族学始终坚持自身的学术传统优势和资源优势，把田野调查确立为从本科生到博士研究生培养过程中的重要实践训练环节。

创新二：加强影视人类学理论与方法的学习运用　云南大学在国内高校中率先开设了影视人类学课程，

田野调查中的总结讨论会

学生访谈村民

学生在田野调查中与当地人"同劳动"

学生在整理、分析数据

并于1995年与德国哥廷根科教电影研究所合作建设东亚影视人类学研究所，成为我国成立最早的影视人类学研究和人才培养的专业机构。东亚影视人类学研究所成立后，依托国际合作，提供当时最先进的影视人类学设备，聘请国内外优秀的影视人类学教师对学生进行培训，举办影视人类学国际会议，开展影视人类学教学研究，让学生充分学习最前沿的影视人类学理论和最新的民族志电影拍摄方法。通过东亚影视人类学研究所的一系列教学科研工作，云南大学培养了一批具有独立从事田野调查、实地拍摄和后期编辑能力的学生，同时也奠定了云南大学在国内和国际影视人类学界的重要地位。

云南大学东亚影视人类学研究所成立仪式

美国影视人类学家保罗·霍金斯的影视人类学讲座

德国影视人类学家芭芭拉·凯芬海姆授课

影视人类学课程授课专家与学生合影

“纪录片创作与实践”课程教师指导学生摄制纪录片

学生在田野中拍摄纪录片

学生学习“纪录片创作与实践”课程

学生在田野拍摄

3. 中青年学者的培养：国家教委社会文化人类学高级研讨班

1997 年 1 月，云南大学牵头组织了“国家教委社会文化人类学高级研讨班”。研讨班以“面向二十一世纪的中国人类学与中国西南民族”为主题，著名人类学、社会学和民族学家林耀华、郑杭生、田汝康、宋蜀华、何耀华、

1997 年，国家教委社会文化人类学高级研讨班在云南大学举办

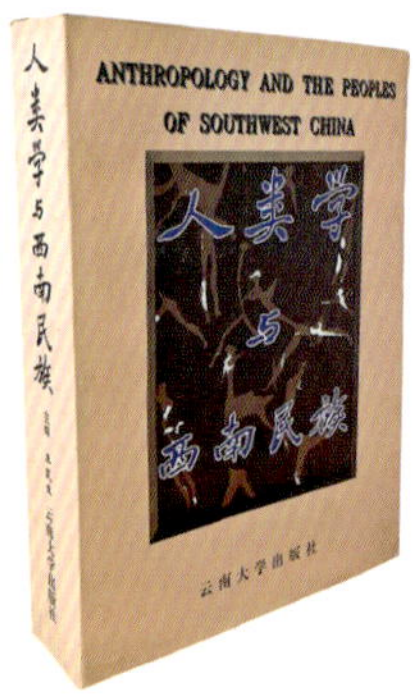

《人类学与西南民族——国家教委昆明社会文化人类学高级研讨班论文集》封面

陈国强、黄淑娉、李亦园、乔健、庄英章、莱曼、何大伟、麦金农等应邀参会，并做了专题演讲，来自全国十几个省市和中国台湾以及美国、法国、荷兰、朝鲜的60位中青年民族学人类学学者参加了大会。本次研讨班以“开阔国内学者的眼界、培训本土教学科研人才、促进国内国外的学术交流和对话，加强我国社会文化人类学的学科建设以及西南地区人类学的教学与研究”为主题。在本次研讨班上，国内外学者提交论文41篇，同时有36位学者在大会上做了专题演讲。这次研讨班对于云南大学乃至中国民族学的发展有着深远而长久的意义和影响。

国家教委社会文化人类学高级研讨班开幕式

美国人类学家何大伟（David Hicks）主题演讲

郑杭生（左一）、宋蜀华（右一）与云大学者交流与讨论

彭兆荣发言

宋蜀华（右）、王筑生（左）赴德宏考察

田汝康参与讨论

参会代表赴德宏考察时与村民交流

4. 毕业生投身边疆建设

在逐步完善人才培养体系的基础上，云南大学民族学培育了一批优秀的专业化的民族工作者，充实到边疆民族地区的各级党政机关、科研单位、文化、博物、旅游和教学部门，为民族地区的经济、社会和文化发展作出了贡献。

2003 届民族学专业毕业生马永飞（右二）任职于香格里拉市

2006 届民族学专业毕业生林利斌在勐海县开办普洱茶厂

2008 届人类学专业毕业生字文照（左一）任职于临沧市云县岭磨村委会

2016 届民族学专业毕业生拉茸追玛（右）任职于香格里拉市尼西乡政府

二、转化与创新

改革开放以来，中国民族地区发生了深刻变化，对新中国多民族国情的认识成为当务之急。云南大学深入研究中华民族形成和发展的内在规律，深化对中华民族多元一体格局的认识。在这一时期所开展的民族调查是继 20 世纪 50 年代国家组织大规模民族调查之后规模最大、内容最全、影响最大的省域少数民族调查。这场跨世纪民族调查及其后续跟踪调查，为云南大学民族学从田野中孕育了发展的力量，促进了民族学理论与实践的互动转化与创新。

专家论证“云南大学跨世纪民族村寨调查”方案

民族村寨田野调查

调查资料汇集整理

跨世纪云南民族村寨调查

1999—2000 年，云南大学组织团队对云南省人口在 5000 人以上的 25 个世居少数民族开展了“跨世纪云南民族村寨调查”，调查结果整理出版了《云南民族村寨调查》丛书 27 册。

云南大学跨世纪云南民族村寨调查调查点分布表

民族	调查点
蒙古族	玉溪市通海县兴蒙乡
德昂族	德宏傣族景颇族自治州潞西市（今芒市）三台山乡勐丹村
彝族	玉溪市峨山县双江镇高平村
拉祜族	普洱市澜沧拉祜族自治县糯福乡南段老寨
基诺族	西双版纳傣族自治州景洪市基诺山基诺族乡
藏族	迪庆藏族自治州中甸县（今香格里拉市）尼西乡形朵村
阿昌族	德宏傣族景颇族自治州陇川县户撒乡芒东下寨
傣族	西双版纳傣族自治州勐海县勐遮乡曼刚寨
壮族	文山壮族苗族自治州文山市攀枝花镇旧平坝上寨
独龙族	怒江傈僳族自治州贡山独龙族怒族自治县丙中洛乡小茶腊社
回族	玉溪市通海县纳古镇
怒族	怒江傈僳族自治州贡山独龙族怒族自治县查腊社

民族	调查点
满族	保山市瓦房乡水沟洼村
苗族	红河哈尼族彝族自治州金平苗族瑶族傣族自治县铜厂乡大塘子村
白族	大理白族自治州剑川县东岭乡下沐邑村
佤族	临沧市沧源佤族自治县勐董镇帕良村
水族	曲靖市富源县古敢乡都章村
景颇族	德宏傣族景颇族自治州瑞丽市弄岛乡等嘎村
纳西族	丽江市黄山乡白华村（今黄山镇白华社区）
哈尼族	红河哈尼族彝族自治州绿春县大兴镇保别新寨
普米族	丽江市宁蒗彝族自治县永宁乡落水村
布依族	曲靖市罗平县鲁布革乡多依村
傈僳族	怒江傈僳族自治州泸水市上江乡百花岭村
布朗族	西双版纳傣族自治州勐海县布朗山乡新曼峨村
瑶族	红河哈尼族彝族自治州河口瑶族自治县瑶山乡水塘村

云南民族村寨调查
苗族
佤族
壮族
瑶族
水族
普米族
蒙古族
满族
傈僳族
拉祜族
景颇族
基诺族
回族
独龙族
德昂族
傣族
藏族
布依族
布朗族
白族
阿昌族
哈尼族
怒族
纳西族
走进田野

阿昌族调查组与村干部交谈

阿昌族传统手工编织

布朗族调查组

布朗族村民跳传统舞蹈

傣族调查组与村民合影

曼冈寨傣族“安章”和他的妻子

德昂族调查组

德昂族赶摆时的聚餐会

独龙族调查组

独龙族村民跳传统舞蹈

哈尼族调查组

哈尼族婚礼上新人向村社长老跪拜，长老则教导新人并送礼钱

基诺族调查组

巴亚中寨村民庆祝“特懋克”节

景颇族调查组

21 世纪的第一个“目瑙纵歌”节

普米族调查组

田间劳作的普米族妇女

纳西族调查组与村民合影

纳西族村民跳“热窝窝”

白族调查组

堂屋前的白族祖孙俩

布依族调查组

织布的布依族妇女

藏族调查组

藏族村民跳传统舞蹈

回族调查组

诵经的回族儿童

拉祜族调查组

南段拉祜族青年女子

满族调查组与村干部合影

改穿汉装的水沟洼村老人

蒙古族调查组

兴蒙乡蒙古族舞霸王鞭

苗族调查组

苗族“花山节”

水族调查组

古敢村公所组织的春节文艺演出

傈僳族调查组

傈僳族传统舞蹈“猴子划拳舞”

怒族调查组

怒族村民参加射弩比赛

佤族调查组

佤族帕良人

瑶族调查组

瑶族婚宴——长桌席

壮族调查组

壮族（土支系）妇女

中国民族村寨调查

为了更好地跟踪了解改革开放以来各民族日常生活的变化，2003 年云南大学组织了对 15 个省区 32 个少数民族（包括台湾高山族）的“中国民族村寨调查”，出版了《中国民族村寨调查丛书》30 余册，开创了大陆与台湾学者合作进行田野调查的范例。

云南大学组织的“跨世纪云南民族村寨调查”和“中国民族村寨调查”为中国民族学研究提供大量鲜活的材料，为国家完善民族政策提供了基础数据材料；为云南省地方经济建设和社会发展，尤其是维护边疆稳定和促进民族团结作出贡献。

云南大学中国民族村寨（2003—2004 年）调查点分布

民族	调查点
羌族	四川省汶川县阿尔村
黎族	海南省五指山市福关村
达斡尔族	内蒙古自治区莫力达瓦旗哈力村
京族	广西壮族自治区东兴市山心村
撒拉族	青海省循化撒拉族自治县石头坡村
珞巴族	西藏自治区米林县琼林村
仫佬族	广西壮族自治区罗城仫佬族自治县石门村
土家族	湖南省永顺县双凤村
保安族	甘肃省积石山县大墩村
毛南族	广西壮族自治区环江县南昌屯
东乡族	甘肃省东乡族自治县韩则岭村
鄂伦春族	黑龙江省黑河市新生村，内蒙古自治区额尔古纳市室韦乡
裕固族	甘肃省肃南县大滩村
塔塔尔族	新疆维吾尔自治区奇台县黑沟村
门巴族	西藏自治区错那县贡日乡
泰雅人	台湾省宜兰县武塔村

民族	调查点
维吾尔族	新疆维吾尔自治区疏附县木苏玛村
锡伯族	辽宁省沈阳市新民村
侗族	贵州省黎平县九龙村
赫哲族	黑龙江省同江市街津口赫哲族乡
蒙古族	内蒙古自治区正蓝旗巴彦胡舒嘎查
柯尔克孜族	新疆维吾尔自治区乌恰县库拉日克村吾依组
土族	青海省互助土族自治县大庄村
哈萨克族	新疆维吾尔自治区吉木乃县巴扎尔湖勒村
朝鲜族	吉林省磐石市烧锅朝鲜族村
仡佬族	贵州省大方县红丰村
塔吉克族	新疆维吾尔自治区塔什库尔干塔吉克自治县提孜那甫村
满族	辽宁省新宾满族自治县要站村
乌孜别克族	新疆维吾尔自治区木垒哈萨克自治县阿克喀巴克村
鄂温克族	内蒙古自治区鄂温克族自治旗乌兰宝力格嘎查

sina 新闻中心 新浪首页 > 新闻中心 > 综合 > 正文

中国少数民族调查启动 民族村寨将迎百名专家

http://www.sina.com.cn 2003年07月11日15:53 中国网

近日，为期一周的“新世纪中国少数民族调查”培训在云南大学开班，来自国内14所高校、研究院及云南省的百余名专家学者在系统接受民族调查的有关培训后，将分赴全国14个省区的30个民族村寨进行深入调查，为抢救保护中国少数民族丰富的资源尽力。

由云南大学牵头开展的这次调查，是该校落实“十五”“211工程”项目中加快民族学科建设计划，全面了解新中国成立50余年来各民族发展变化情况，发挥高校科研院所科研优势，为政府决策提供参考的一项创举。

据称，整个调查历时近两年，其间，省内外专家学者将合作组成31个调查组，对除云南外的30个少数民族聚居比较集中且主体民族占80%以上的1个村寨，进行不少于一个月的历史、人口、经济、家庭婚姻、文化艺术、宗教、遗传、生态环境等多学科的调查。通过文献查阅、集体座谈、入户访谈、问卷统计、摄像录音及血样采集等方式，完整掌握现存的第一手珍贵资料。调查成果将通过分民族出版《新世纪中国少数民族调查丛书》、专题综合研究报告、各民族现状纪实影视片及建立“中国少数民族遗传信息资源DNA库”等展现。(罗霞)

《云南日报》 2003年7月11日

【推荐】【大 中 小字】【打印】【关闭】

sina 新闻中心 新浪首页 > 新闻中心 > 综合 > 正文

云南大学在黎平侗乡设立“侗族调查点”

http://www.sina.com.cn 2003年07月29日09:16 贵州日报

金黔商城 金黔贵州 金黔财经 金黔IT 金黔体育金黔专题云南大学在黎平侗乡设立“侗族调查点”http://www.gog.com.cn2003年07月29日10:44:48金黔在线讯7月28日,全国重点大学云南大学在黎平县永从乡九龙侗寨设立全国少数民族村寨“侗族调查点”。据云南大学刘锋教授介绍,这次全国民族调查是全国第二次少数民族调查。侗族调查点选在九龙侗寨,它是代表全国300多万侗族人民的一个调查点,意义重大。这里曾有13名侗家姑娘先后到首都北京为毛主席、周恩来总理演唱《侗族大歌》;5次到中央电视台亮相展示侗族艺术魅力。1986年九龙侗寨的5位姑娘漂洋过海到法国、奥地利、俄罗斯等10多个国家演唱《侗族大歌》,被专家誉为“清泉闪光的音乐”。　作者：陆书明吴占芳　编辑：

【推荐】【大 中 小字】【打印】【关闭】

维吾尔族调查组

维吾尔族村民演奏传统乐器

柯尔克孜族调查组

柯尔克孜牧民毡房

乌孜别克族调查组

访谈乌孜别克村民

裕固族调查组

劳动中的裕固族村民

保安族调查组

保安族传统刀具店

土族调查组

土族传统舞蹈

俄罗斯族调查组

珞巴族青年

俄罗斯族老者

珞巴族调查组

门巴族调查组

访谈门巴族村民

朝鲜族调查组

访谈朝鲜族村民

赫哲族调查组

赫哲族村落

塔吉克族调查组

访谈塔吉克族村民

侗族调查组

侗族村寨

土家族调查组

土家族传统舞蹈

黎族调查组访谈村民

黎族妇女

京族调查组

京族传统节庆活动

泰雅人调查组与村民合影

泰雅人日常生活

学生在傣族基地整理调查笔记

建立 12 个村寨调查研究基地

从 2003 年开始，云南大学民族学先后在红河、丽江、大理、怒江、德宏、西双版纳等地的少数民族村寨建立了 12 个调查研究基地。民族学及相关学科师生定期在基地开展实践教学。后整理出版村民日志 9 套（共 667 万字）、拍摄影视人类学作品 35 部，协助有关部门及时掌握民情民意，动员村民积极参与乡村建设。

云南大学民族学与社会学学院少数民族调查研究基地

序号	名称	基地点
1	苗族研究基地	昆明市富民县东村镇石桥村委会芭蕉箐村
2	彝族研究基地	昆明市石林彝族自治县圭山镇大糯黑村
3	回族研究基地	玉溪市通海县纳古镇纳家营村
4	哈尼族研究基地	红河哈尼族彝族自治州元阳县新街镇箐口村
5	白族研究基地	大理白族自治州剑川县沙溪镇石龙村
6	纳西族研究基地	丽江市玉龙县纳西族自治县黄山镇南溪村
7	傈僳族研究基地	怒江傈僳族自治州福贡县鹿马登乡赤恒底村
8	独龙族研究基地	怒江傈僳族自治州贡山独龙族怒族自治县独龙江乡迪政当村
9	景颇族研究基地	德宏傣族景颇族自治州芒市西山乡营盘村
10	基诺族研究基地	西双版纳傣族自治州景洪市基诺山基诺族乡巴朵村
11	傣族研究基地	西双版纳傣族自治州勐海县孟海镇曼腊村
12	布朗族研究基地	西双版纳傣族自治州勐海县西定乡章朗村

在独龙族基地开展活动

傈僳族基地村民合影

回族基地调查组成员合影

在彝族基地放映影片《糯黑石头寨》

纳西族基地村民跳传统舞蹈

在白族基地开展文化进课堂活动

苗族基地村民合影

学生在布朗族基地做田野调查

基诺族基地村民采茶

学生在哈尼族基地做田野调查

民族家庭实录调查

2003年，云南大学从中国56个民族中，各选择一个家庭作为调查对象，记录这些少数民族家庭的生活形式，形成了一套300万字的《20世纪中国民族家庭实录》丛书。丛书记述了各民族家庭的真人真事，通过记录各民族的日常生活反映出社会的发展变迁，从而让各个民族加深相互理解、增进团结。

三、交叉与融合

随着改革开放的深入，云南大学民族学研究围绕中国民族工作的主题，突破民族学以国内少数民族为主要研究对象的学术传统，拓展民族学研究的问题意识与研究领域，在政治、经济、法律、艺术、生物等各方面深耕理论，多学科协同研究，构建民族学研究学科群，不断完善中国特色民族学的话语体系。

“211 工程”建设与民族学重点学科建设

1996 年，云南大学成为国家“211 工程”重点建设大学，民族学成为云南大学重点建设学科。

2008 年 10 月，国际人类学民族学联合会秘书长纳斯先生一行来访

2009 年，何明院长与韩国庆尚大学洪英基院长交换合作协议文本

2011 年，日本民族学会会长渡边欣雄在云南大学举办学术讲座

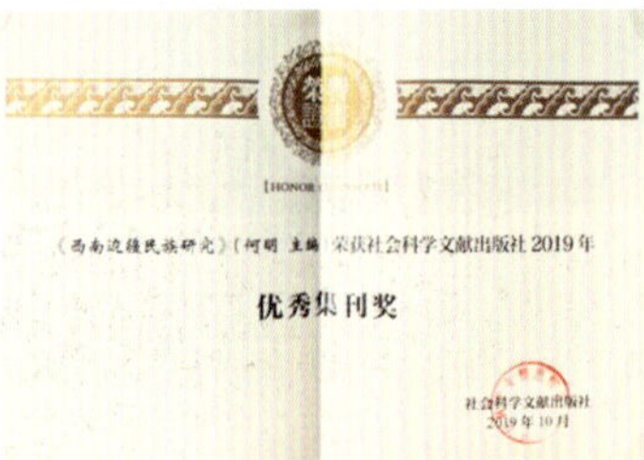

2019 年，《西南边疆民族研究》获社会科学文献出版社优秀集刊奖

构建民族学学科群

为适应民族工作的新形势和新任务，云南大学在“211 工程”建设期间，统筹各学科发展规划，构建民族学学科群。《云南大学“211 工程”建设项目可行性研究报告》提出：“民族学的建设，势必打通文、史、哲、政、经、法诸学科，有利于促进人文社会科学的发展。”

1. 成立西南边疆少数民族研究中心

2000 年 12 月，云南大学申报的教育部普通高等学校人文社会科学重点研究基地“西南边疆少数民族研究中心”获得批准。中心以西南边疆地区民族关系与边疆稳定、西南民族地区经济发展、西南民族地区文化建设作为重点研究方向，成为民族学重点学科建设的一个重要组成部分。

中国社科院学部委员、研究员、中国人类学会会长郝时远在云大举办学术讲座

中山大学历史人类学研究中心主任刘志伟讲授“华南研究之路”

学术讲座现场

2. 建设云南大学伍马瑶人类学博物馆

2003 年 9 月，云南大学开始建设人类学博物馆。现馆内已收集藏品 3000 余件，包括反映 20 世纪 20 至 60 年代中国特别是云南少数民族历史文化的老照片以及反映世界各地历史文化的人类学电影和纪录片。

李亦园为云南大学伍马瑶人类学博物馆题写馆名

云南大学伍马瑶人类学博物馆

伍马瑶女士（右 4）到博物馆参观

博物馆展厅

云南大学伍马瑶人类学博物馆部分藏品

瓦猫·白族·云南省鹤庆县

剪纸·傣族·云南省芒市

甲马纸·白族·云南省大理白族自治州

郎色面具・藏族・西藏自治区拉萨市

面具・基诺族・云南省景洪市

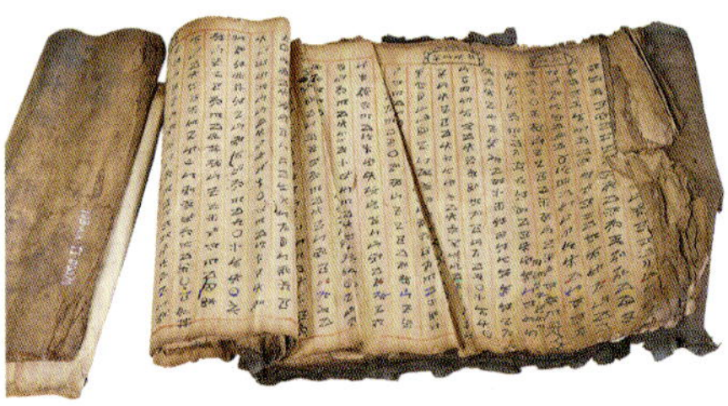

彝文经籍・彝族・云南省

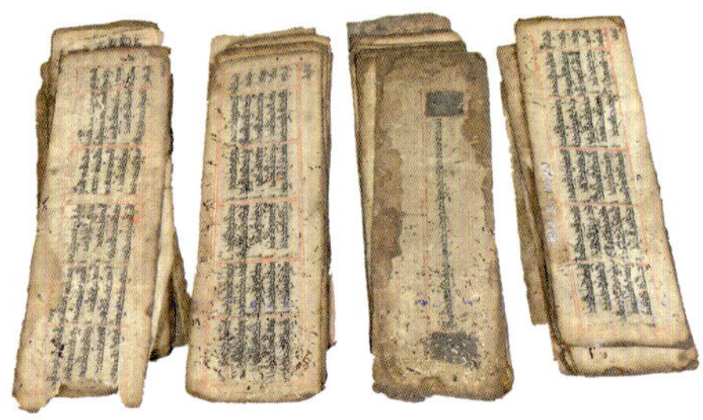

藏文经书・藏族・来源地不明

贝叶经・傣族・云南省西双版纳傣族自治州

傈僳族音节文字木写字板・傈僳族・云南省维西傈僳族自治县

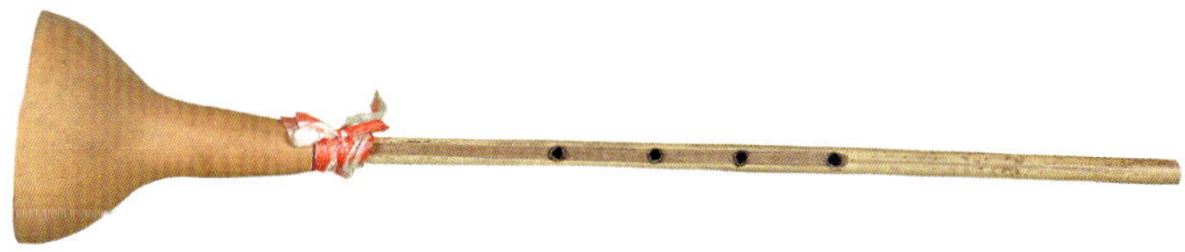

定噜·哈尼族·云南省江城哈尼族彝族自治县

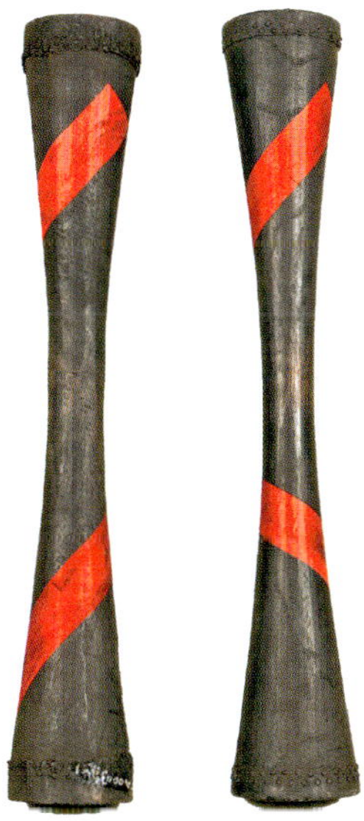

腰鼓·瑶族·湖南省江华瑶族自治县

葫芦丝·傣族·云南省梁河县

三弦·基诺族·云南省景洪市

基诺族大鼓·云南省景洪市

傣族女服・傣族・云南省新平彝族傣族自治县

羊皮披肩（优儿）・纳西族・云南省丽江市古城区

坎肩・彝族・来源地不明

景颇筒裙・景颇族・云南省陇川县

彝族女服・彝族・云南省富宁县

马尾绣女鞋・水族・贵州省三都水族自治县

儿童披肩・白族・云南省大理白族自治州

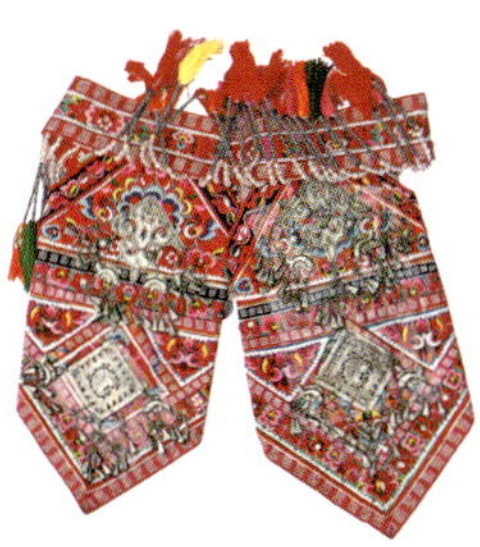

腰饰・彝族・云南省石屏县

傣族女服・傣族・云南省马关县

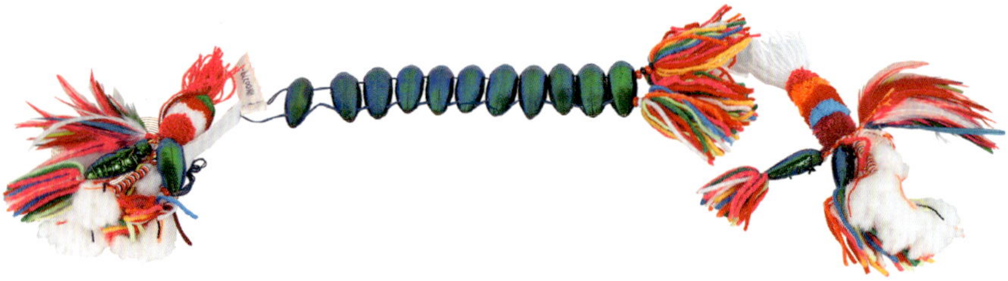

昆虫头饰·哈尼族·云南省孟连傣族拉祜族佤族自治县

树皮裙·苗族·云南省麻栗坡县

树皮衣·苗族·云南省麻栗坡县

猫头帽·白族·云南省大理白族自治州

银饰·彝族·云南省富宁县

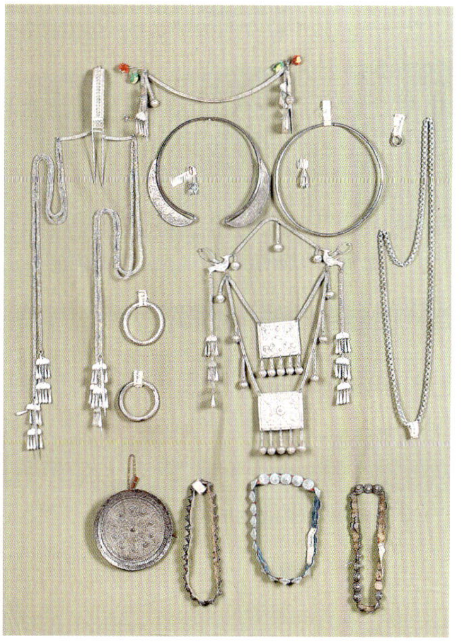

银头饰·瑶族·云南省富宁县

银凤冠·苗族·贵州省台江县

银饰·哈尼族·云南省元阳县

观众参观人类学博物馆

3. 创办学术集刊《西南边疆民族研究》

2003 年，创建民族学与人类学 CSSCI 集刊《西南边疆民族研究》。集刊以“立足西南，关注边疆，推动创新”为宗旨，聚焦于中国西南边疆与东南亚、南亚研究，推进民族学和人类学理论与方法创新。

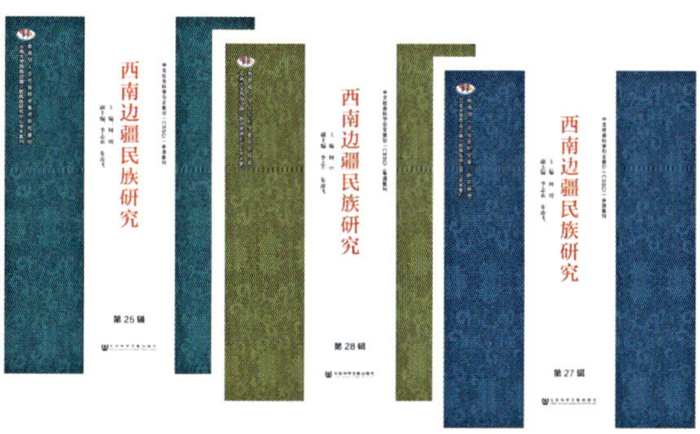

4. 开展民族学基础理论与发展应用研究

围绕马克思主义民族理论、民族生态学、历史民族学、民族法学、艺术民族学、民族政治学、民族经济学等学科方向开展学科体系建设，推动了民族学学科基础理论的发展。同时，围绕国家重大招标项目，开展对现实问题的研究，提升民族学服务民族地区发展、服务边疆治理、服务国家的能力。

1996—2001 年完成的省部级以上重大科研攻关项目一览表

项目级别	项目名称
国家社科基金（7 项）	云南历史上的民族融合现象研究、中华民族发展简史、中国疆域通史·西南通史、国情教育推荐书目、云南怒江流域各民族社会历史进程与现代化建设、英帝国与中国西南边疆、中国少数民族生态文化研究
“九五”国家重点科技攻关项目	中华民族的历史与文化（多媒体系列光盘）
国务院古籍办	云南史料丛刊
中华社科基金	英属印度与中国西南边疆
教育部社科基金（3 项）	中国南北方民族关系比较、云南少数民族资源配置的历史过程与制度变迁、少数民族地区农村基层政权建设研究
云南省社科基金（6 项）	云南边疆文化长廊建设与弘扬民族传统文化研究、云南商品经济发展史、云南少数民族美学史、民族文化生态村建设、滇西北大河流域国家公园建设项目子课题、滇西北香格里拉生态旅游示范景区研究
云南省政府省校合作项目（4 项）	云南历史文化名城保护建设与可持续发展研究、云南剑川石钟山石窟的保护、研究与开发、云南旅游资源开发研究、云南少数民族地区信息传播与社会发展关系研究

5. 汉藏同源的研究

2000 年，云南大学肖春杰与多名中外学者合作，在国际著名的《人类遗传学》刊物上发表了《Y 染色体单体型揭示喜马拉雅山地区史前期人类迁移的历史》一文。此研究为社会科学界早已关注的“汉藏同根”命题首次提供了遗传学依据。

6. 提出“茶马古道”概念，推进民族交往交流交融研究

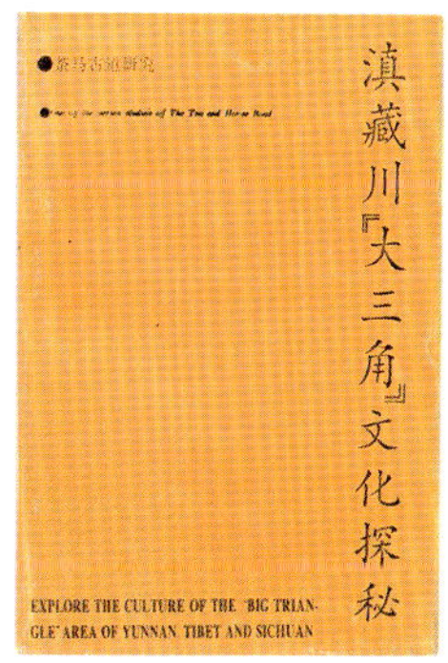

1990 年，云南大学学者木霁弘、陈保亚等 6 人徒步考察滇、藏、川交接地带，首次提出“茶马之道”概念。1991 年初，改称为“茶马古道”。1992 年，木霁弘等多位学者出版《滇藏川“大三角”文化探秘》。此后，茶马古道研究呈现多学科参与、多方法综合运用的特点，全面呈现了茶马古道对推进中国西南各民族的交往、交流与交融的重要作用。

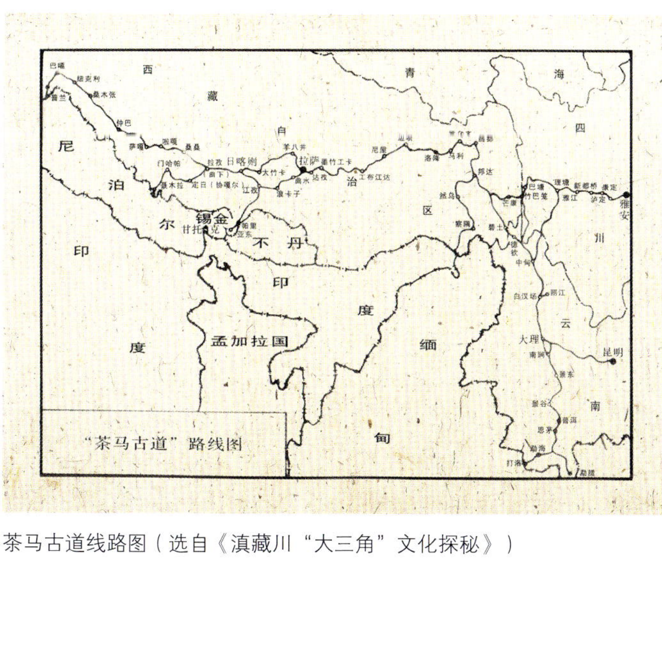

茶马古道线路图（选自《滇藏川“大三角”文化探秘》）

1990 年，考察队在中甸县（今香格里拉）（左起为木霁弘、李林、王晓松、陈保亚、徐涌涛、李旭）

茶马古道命名 20 周年学术研讨会海报

1990 年，考察队在左贡县

7. 构建人类命运共同体，开创海外民族志研究

2007 年，云南大学民族学启动了海外民族志研究，先后有 50 多位师生奔赴越南、缅甸、老挝、泰国等国家开展海外民族调查，推出《东南亚民族志》丛书。

在泰国清迈考察

在缅甸密支那调查

在泰国阿卡人村寨调查

在越南开展学术交流与调研

提升中国民族学学科的国际学术话语权

云南大学民族学积极开展国际学术合作，提高中国民族学的国际影响力。2009 年，成功承办国际人类学与民族学联合会第十六届世界大会，举办一系列国际学术会议，与国外多所高校建立合作关系，创办英文学术辑刊，云南大学民族学学科的国际化程度得到显著提高。

2009 年，国际人类学与民族学联合会第十六届大会在云南大学召开

人类学大会的各项活动

1. 举办国际人类学民族学学术会议

2009 年 7 月 29 日—31 日，国际人类学与民族学联合会第十六届大会在云南大学召开。4000 多位来自国内外的学者出席大会，并通过由中国起草的《昆明宣言》。宣言倡导和谐世界、共同繁荣与文化多样性，这是近百年来中国人类学民族学界首次向世界发出自己的声音。

中文简体 中文繁体 英文 邮箱

中华人民共和国中央人民政府

The Central People's Government of the People's Republic of China

网站首页 | 今日中国 | 中国概况 | 法律法规 | 公文公报 | 政务互动 | 政府建设 | 工作动态 | 人事任免 | 新闻发布

当前位置：首页>> 今日中国>> 图片新闻

人类学与民族学联合会第16届大会开幕

中央政府门户网站 www.gov.cn 2009年07月27日 来源：新华社

【字体：大 中 小】【E-mail推荐 发送 】 打印本页 关闭窗口

7月27日，中共中央政治局委员、国务院副总理回良玉出席国际人类学与民族学联合会第16届大会并讲话。当日，国际人类学与民族学联合会第16届大会在昆明开幕。来自100多个国家和地区的3000多名专家学者参加了此次学术盛会。国际人类学与民族学联合会是在联合国教科文组织注册成立的，在人类学和民族学界最具影响力的世界性组织。联合会每5年举办一次世界大会，规模约3000人到5000人，目前已经举办过15届。首届大会于1934年在伦敦召开。新华社记者 李明放 摄

7月27日，国际人类学与民族学联合会第十六届大会在昆明召开，中共中央政治局委员、国务院副总理回良玉出席开幕式并致辞。新华社记者 秦晴 摄

7月27日，国际人类学与民族学联合会第16届大会在昆明开幕，来自100多个国家和地区的3000多名专家学者参加了此次学术盛会。新华社记者 李明放 摄

相关链接

- 回良玉出席国际人类学与民族学联合会大会并致辞
- 回良玉参观"新中国成立60周年少数民族自治区成就展"
- 回良玉、刘延东出席全国少数民族文化工作会议

图片图表

李源潮出席纪念"三八"国际妇女节暨全国三八红旗手表彰大会并讲话 | 纪念"三八"国际妇女节暨全国三八红旗手(集体)表彰大会举行 | 杨洁篪会见英国国际开发大臣 | 英国首相卡梅伦会见杨洁篪 | 黄韩侯铁路侯西段电气化复线施工进展顺利 | 贵阳：开春招聘忙

栏目推荐

领导活动 人事任免 网上直播 在线访谈 政务要闻 执法监管
最新文件 法律法规 央企在线 新闻发布 应急管理 服务信息

（责任编辑：李平） 【纠错】 打印本页 关闭窗口

2009 年 7 月 31 日，国际人类学与民族学联合会秘书长彼特・纳斯在闭幕式上对《昆明宣言》进行阐释

2. 开展国际学术合作

云南大学民族学全力推动国际学术交流合作，搭建高水平的国际学术交流与合作平台，不断提高学科建设的国际化水平和学术团队的国际交流合作能力。

2019 年，首届大湄公河次区域民族学人类学国际学术研讨会在云南大学召开

2019 年，世界人类学会主席、日本大阪大学教授小泉润二举行学术讲座

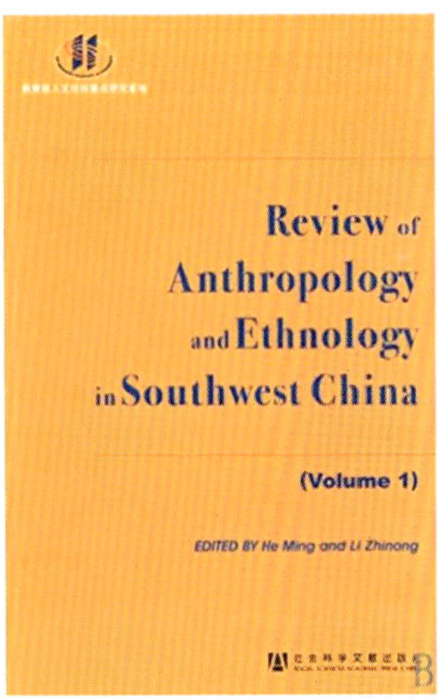

2018 年，印度 Assam 大学社会工作系系主任 Dutta 教授及其博士学者苏迈先生一行来访云大

文化繁荣与边疆发展

云南大学民族学积极参与云南民族文化强省建设，助力战略性产业发展，促进文化繁荣；发掘整理中华民族文化资源，推进民族文化传承创新；以多种形式助力边疆地区的全面发展。

1. 文化遗产保护与传承

云南大学民族学整合民族学与文化产业学科资源，开展非遗保护与传承的研究，传承、创新中华民族优秀传统文化，构筑中华民族共有精神家园。

（1）保护性调查与非物质文化遗产藏品收集

云南大学伍玛瑶人类学博物馆利用自身的优势，在收集民族文化藏品的过程中，对非物质文化遗产开展保护性调查。举办各类展览，通过展陈和讲解宣传非物质文化遗产保护的重要性。

（2）出版《非物质文化的田野图像》丛书

丛书以民族志的形式完整记录和呈现云南少数民族非物质文化遗产的形态、发展历史与现状，增进对非物质文化遗产的认识，推进对其的传承和保护。2017 年该丛书荣获国家出版基金资助。它是云南大学民族学积极服务云南民族文化强省建设和国家文化繁荣发展战略的具体成果，充分体

拍摄国家级非遗传承人布朗族弹唱艺人岩瓦洛

拍摄维西县傈僳族舞蹈“阿迟目刮”的民间艺人

壮族坡歌芽书

白族剪纸

现了云南大学民族学作为国家级重点学科和教育部重点研究基地在推动非物质文化遗产保护中起到的示范作用。

（3）中、老、越、泰苗族 / 蒙人服饰制作传统技艺传承国际研习班

2000 年 6 月 27 日—7 月 7 日，围绕苗族服饰传统制作技艺传承这一主题，云南大学与联合国教科文组织联合举办了“中、老、越、泰苗族 / 蒙人服饰制作传统技艺传承国际研习班”。来自中国、法国、瑞士、日本、美国、荷兰、澳大利亚、印度、泰国、越南、老挝等多国专家学者、民间艺人和学员深入探讨了苗族传统服饰工艺的保护、传承和发展等问题。

巴卡小寨：建设基诺族博物馆

基诺山巴卡小寨民族文化生态村建设，其规划设计及实施的过程，作为应用人类学的个案，是现代化背景下探索山地少数民族传统文化生态保护、传承、发展的一次反思。

2. 民族生态文化村建设

1998—2002 年，云南大学教授尹绍亭组织实施了“民族生态文化村建设”项目。项目组选择了云南的 5 个民族村寨（腾冲市和顺乡、景洪市基诺乡巴卡小寨、新平县南碱村、石林县月湖村、丘北县仙人洞村）为建设试点，在当地进行文化生态资源调查，开展村落规划与民居改良，建设生态博物馆、文化生态展示区，发展以民族文化特色产业为依托的民族文化旅游，同时保护脆弱的自然生态环境，构建了边疆民族地区经济社会和谐发展的新模式。

巴卡基诺族文化生态村

仙人洞村：文化保护与经济发展相协调的彝族村寨民族旅游资源开发

仙人洞村位于普者黑旅游风景区内。传承保护原生民族文化资源，探索民族文化的保护与旅游产业的开发相结合，走可持续发展道路是“仙人洞彝族生态文化村”建设的主题。

仙人洞彝族文化生态村

和顺乡：弯楼子民居文化博物馆

项目以和顺大石巷李家院落弯楼子为依托，创建和顺民居博物馆，保护和顺民居文化资源，宣传、弘扬和顺民居文化。

和顺汉族文化生态村

月湖村：民间歌舞大赛

月湖村是石林彝族自治县境内撒尼文化积淀比较深厚的村寨之一，有着丰厚的撒尼人音乐舞蹈资源。项目通过组织月湖民间歌舞大赛实现当地村民文化的自我保护和传承。

月湖彝族文化生态村

南碱村：村落规划与民居改良

南碱傣族文化村从村落规划与民居改良起步，为农村人居质量的发展和提高，提供一个可操作性的行为模式。南碱村的建设将自然和文化遗产完整地保护在原生环境中，把文化保护和文化传播有机地结合起来。

南碱傣族文化生态村

张文勋

张文勋，1926生于云南大理，白族。1948年考入云南大学中文系，师从刘文典、刘尧民等。历任云南大学中文系文艺理论教研室主任、系主任、教授，云南大学西南边疆民族经济文化研究中心主任。有专著《中国古代文学理论论稿》《诗词审美》《刘勰的文学史论》《文心雕龙探秘》等10余种，主编《白族文学史》《民族文化学》《滇文化与民族审美》《民族审美文化》等。1958年9月，张文勋任大理白族文学调查队队长，率队到大理、洱源、鹤庆、弥渡等地调研民间文学。1959年，由他担任总编，并承担书中多个章节写作的《白族文学史》由云南人民出版社出版。1979年2月，中国社会科学院在昆明召开全国少数民族文学史编写座谈会，提出要修订和完善

民族文化产业的研究

为服务云南“推动民族文化繁荣发展　助力文化强省建设”的发展规划，云南大学民族学多层次、多角度地积极参与民族文化理论研究和文化资源发掘整理，促进文化产业发展。

1. 成立云南大学中国西南边疆民族经济文化研究中心

1990年，云南大学成立中国西南边疆民族经济文化研究中心，张文勋任中心主任。中心在全国召开有影响的民族文化学术研讨会，出版《云南大学中国西南边疆民族经济文化研究丛书》，推动云南省民族文化繁荣发展。

《白族文学史》，张文勋任主编。从1980年开始，他再次调查收集资料，编写《白族文学史》（修订本）。该书荣获“1979至1989年少数民族文学研究成果优秀著作奖”和中国民间文学研究会颁发的“特别奖”。

云大历史悠久，早在上世纪三四十年代，一批著名学者就开始了对西南民族地区社会经济文化的研究，成立了“西南文化研究室”。他们辛勤耕耘，出版了“西南文化研究丛书”，其中不少著作至今仍具有很高的学术价值，为弘扬民族文化、发展西南边疆学术事业作出了重要贡献，也为提升云大的学术水平和教学水平作出了重要贡献。研究西南边疆民族经济文化的历史和现状，为我国的物质文明和精神文明建设服务，是时代赋予我们的责任。

……

我们制定了五年研究计划，并提出“学术、成果、人才”六字方针，即通过学科建设，要开展一系列学术活动，出版一批学术著作，藉此培养一批中青年研究工作者。五年来，我们按此六字方针，成功地举办了“哈尼文化国际学术讨论会”“西南民族传统文化与现代化学术讨论会”等大小十余次学术会议，引起国内外学术界的瞩目。此外，我们编撰的“中国西南边疆民族经济文化研究丛书”，先后出版了《文化·历史·民俗》《滇文化与民族审美》《华夏文化与审美意识》《民族文化学论集》等十几种专著，在国内外学术界产生了一定影响。这本《民族文化学》是我们原来拟定的五年研究计划的最后一本具有理论总结性的书。

——张文勋《民族文化学》

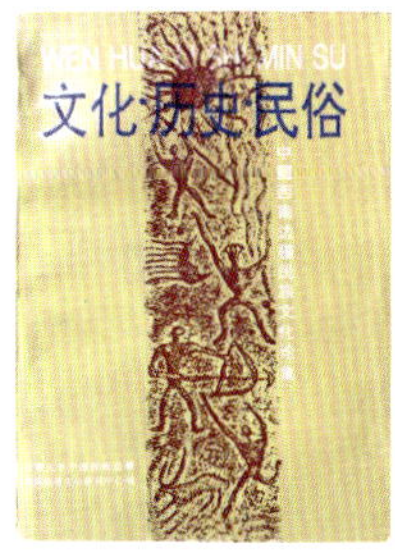

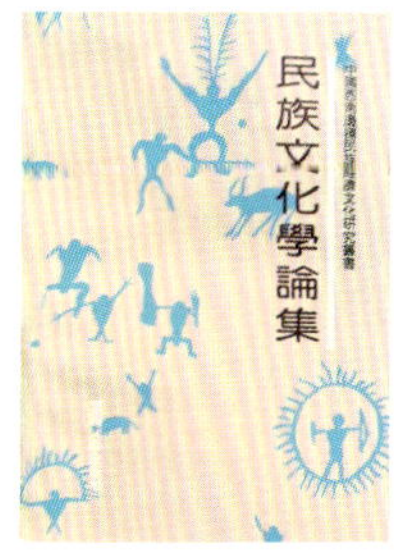

云南大学中文系教师和83级学生在中甸（今香格里拉）调查民间文学

大丽高速公路隧道设计效果图

大丽高速公路景观设计效果图

2. 开展民族文化产业研究

云南大学充分认识到民族文化产业对发展边疆地区民族经济、推进民族团结进步事业的意义，在全国高校率先成立专门的研究机构，产学研相结合，为服务地方文化建设做了大量有益的工作。

3. 大丽高速公路文化建设

在田野调查的基础上，云南大学项目组挖掘了大理和丽江的历史文化和民族文化，将其创造性地运用在大丽公路文化建设中，规划设计了具有 地方民族特点的、连通周边少数民族村寨的服务区、观景台，将民族性与现代性相融合，对于民族文化的展示与保护以及在带动沿线民族地区经济社会发展和文化适应方面产生了积极的影响。

项目组赴现场考察

第四篇

新时代铸牢中华民族共同体意识与云南大学民族学理论体系创新

（2012—2022）

新时代云南大学民族学学科站在中华民族伟大复兴的历史方位，围绕铸牢中华民族共同体意识这一主线，深入挖掘中华文明思想传统的民族学意涵，进一步完善与创新学科的理念、目标，与国际前沿理论展开反思性对话，阐明学科知识传统的演进脉络和知识建构过程，形成有云大特色的民族学学科理论体系和知识体系，为铸牢中华民族共同体意识和云南民族团结进步示范区建设，提供知识供给、思想支持和智力支撑，引领中国特色民族学的创新发展。

一、理论创新与突破

云南大学民族学以新时代中国民族工作为主线，高举中华民族大团结旗帜，推进新时代中国特色民族学理论创新。2017 年云南大学民族学入选国家“双一流”建设学科，同年，在第四轮学科评估中评为 A+ 学科。2022 年 2 月 14 日教育部、财政部、国家发展改革委公布了第二轮“双一流”建设高校及建设学科名单，云南大学再次入选，民族学也入选了新一轮“双一流”建设学科。

教育部社科司领导考察西南边疆少数民族研究中心并召开座谈会

2015 年，第四届东亚人类学论坛在昆明举行

科研平台建设

1. 教育部人文社会科学重点研究基地——西南边疆少数民族研究中心

2012 年以来，云南大学高度重视西南边疆少数民族研究中心建设，2017 年后依托民族学一流学科建设成立学科特区。一方面，进一步深化基地人事制度改革，创建“魁阁学者”制度，采用“不为所有但为所用”的合同制方式；另一方面，构建多机构合作的智库建设机制，牵头联合广西民族大学、西藏大学、内蒙古师范大学、石河子大学、延边大学、西藏民族大学等六所高校成立“中国边疆民族

调查研究联盟”，合作开展边疆民族调查研究、智库建设和创新人才培养。

2018 年，云南大学民族学学科特区学术委员会聘任仪式暨第一次会议召开

2018 年，首届中国民族问题智库论坛在云南大学召开

2011 年，西南边疆少数民族研究中心举行“全球化背景下中国西南及其与东南亚的族群互动”国际学术研讨会

2019 年，西南边疆少数民族研究中心与喜马拉雅大学联盟国际山地综合发展中心联合主办喜马拉雅大学联盟环喜马拉雅环境人文学国际出版工作坊

2. 云南大学铸牢中华民族共同体意识研究基地

云南大学铸牢中华民族共同体意识研究基地是围绕党和国家民族工作大局，深化新时代民族研究工作，进一步落实铸牢中华民族共同体意识的时代要求，推动中国民族研究学科体系、学术体系和话语体系建设的国家级科研创新平台。

云南大学铸牢中华民族共同体意识研究基地

2020 年，《云南大学铸牢中华民族共同体意识行动计划》启动会 .

2020 年，举行“铸牢中华民族共同体意识研究基地专题调研会”

2021 年，云南大学民族学与社会学学院和文山州民族宗教委在文山市签署院地战略合作协议，院地共建的文山州铸牢中华民族共同体意识研究中心、教育教学实践基地正式成立

2021 年，“铸牢中华民族共同体意识与西部地区社会建设论坛”在香格里拉市举行

3. 教育部“国家教材建设重点研究基地”

2019 年 9 月云南大学“国家教材建设重点研究基地（民族教育教材建设和管理政策）”成立。作为教育部首批教材建设重点研究基地，该基地立足国家重大需求，通过建立灵活、开放、高效的运行机制，建设高水平民族学课程教材专业智库。

教育部首批国家教材建设重点研究基地调研组到云南大学调研

2019 年 9 月，首批国家教材建设重点研究基地启动会暨授牌仪式在北京举行，云南大学代表接领标识牌

4. 文化和旅游部“文化和旅游研究基地”

2006 年，云南大学申报文化部国家文化产业研究中心获得批准。2019 年，文化和旅游部再次在云南大学文化发展研究院设立“文化和旅游研究基地”。基地促进了云南大学民族文化产业的研究与发展，为深入开展民族文化产业领域重大理论与现实问题研究，为国家和地方的文化和旅游融合发展提供了有力支撑。

5. 影视人类学研究中心

云南大学影视人类学研究中心前身为云南大学影视人类学实验室，是中国高校最早开展影视人类学研

“影像记录、族群记忆与文化传承——国际影视人类学论坛 2018”在云南大学召开

究及民族志电影制作的专业机构之一，同时也是为数不多可持续开展影视人类学理论与实践教学的高校研究机构。

“百年云大与山地生活的影像实践——影视人类学论坛 2022”在昆明举行

2022 年，“中缅影视人类学研究中心”在中国昆明和缅甸曼德勒两地成立

云南大学师生摄制的纪录片在 2018 广西民族志影展获得提名奖

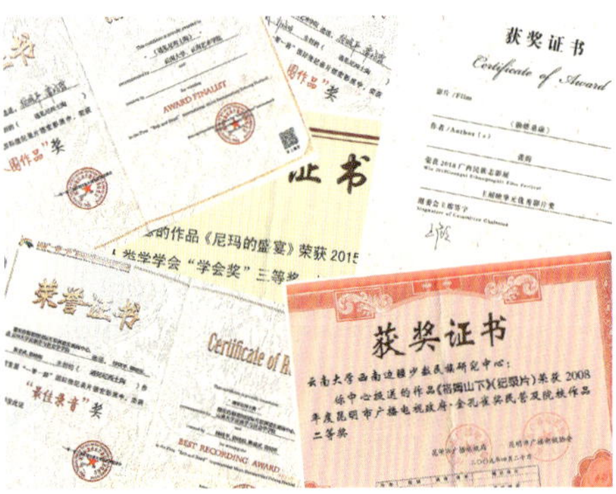

社会科学研究成果（2012 年至今）

2012 年以来获得国家社科基金重大（重点）项目

项目名称	立项年份
互联网语境中中外音乐交互影响研究	2014
我国民族团结和民族关系的理论与实践研究	2016
基督教中国化背景下的农村基督教问题研究	2017
“一带一路”沿线各国民族志研究及数据库建设	2017
台湾的中华民族认同与记忆研究	2018
中华民族共同体意识的形成与发展研究	2018
藏族传统科技文献收集整理研究	2020
多民族艺术交融与中华民族认同研究	2020
全国支援西藏建设的重要文献资料收集、整理与研究	2022
构建促进全体人民共同富裕的区域新形态及其区域政策优化研究	2022

2017 年，国家社会科学基金重大项目“一带一路沿线各国民族志研究和数据库建设”开题论证会

2022 年，国家社科基金重大项目“藏族传统科技文献收集整理研究”开题论证会

2017 年，国家社科基金重大项目“基督教中国化背景下的农村基督教研究”开题论证会

2015 年，国家社科重大招标项目“我国民族团结和民族关系的理论与实践研究”开题报告会

2018 年，云南大学民族学学术委员会委员聘任仪式暨第一次会议召开

国家级优秀成果奖

成果名称	奖项名称
《独乡电视：现代传媒与少数民族乡村日常生活》	教育部高等学校第五届科学研究优秀成果奖三等奖
《远去的山火——人类学视野中的刀耕火种》	教育部高等学校第六届科学研究优秀成果奖三等奖
《论东亚人类学共同体的建构》	教育部高等学校第六届科学研究优秀成果奖三等奖
《当代中国文化人类学》	教育部高等学校第六届科学研究优秀成果奖二等奖
《中国西部民族文化通志》	教育部高等学校第八届科学研究优秀成果奖二等奖
《中国区域文化产业研究》	教育部高等学校第八届科学研究优秀成果奖三等奖

第六届高等学校科学研究优秀成果奖
（人文社会科学）

成果名称：论东亚人类学共同体的建构
《思想战线》2010年第4期
主要作者：何明
成果类型：论文
学科：民族学与文化学
等级：三等奖

教社科证字（2013）第764号

中华人民共和国教育部
二〇一三年三月二十二日

第八届高等学校科学研究优秀成果奖
（人文社会科学）

成果名称：中国西部民族文化通志
云南人民出版社 2017年6月
主要作者：瞿明安，何明，尹绍亭，尹杰，黄海涛，华林，张晓辉，段炳昌，赵永忠，杨源，杨清震，孙九霞，韦丹芳，万建中，吴秋林，卢兵，崔明昆，秦莹，李国文，段尔煜 等
奖项类别：著作论文奖
获奖等级：二等奖

教社科证字（2020）第0678号

中华人民共和国教育部
2020年12月10日

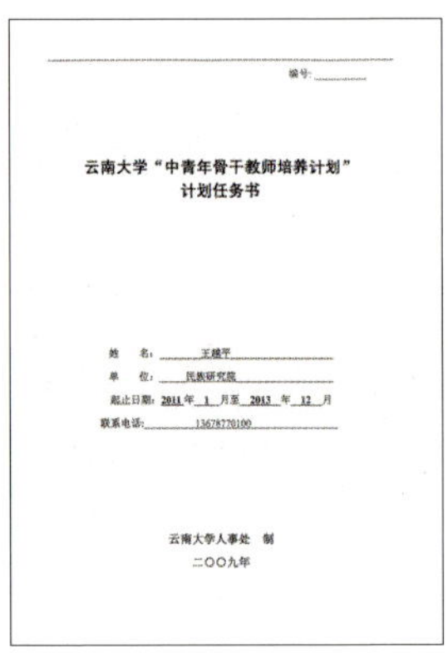
编号：

云南大学"中青年骨干教师培养计划"
计划任务书

姓　　名：王越平
单　　位：民族研究院
起止日期：2011年1月至2013年12月
联系电话：13678770100

云南大学人事处　制
二〇〇九年

三、计划任务书签订各方

甲方	单位名称	云南大学	（公章）
	分管处室	人事处	
	负责人	（签名）	
	联系电话	5033843	
乙方	姓名	王越平	（个人签名）
	住址	昆明市白龙寺世纪龙苑24栋1单元602	
	联系电话	13678770100	
	电子邮箱	ypwang1020@yahoo.com.cn	
丙方	单位名称	民族研究院	（单位公章）
	负责人	（签名）	
	联系电话	5030663	

二、以史明理与学史力行

云南大学民族史学坚持正确中华民族历史观，沿袭云南大学深厚的民族史治学传统，以西南民族史地研究为主线，深入挖掘、整理西南各民族交往交流交融的历史事实，从民族关系视角出发阐释中华民族共同体观念、中国大一统观念的内在历史逻辑，不断深化中华民族发展史研究，为铸牢中华民族共同体意识提供历史与理论依据，为构建中国特色民族学学科提供思想与话语资源。

2012 年以来获得国家级重大（重点）项目

项目成果	项目名称	项目年份
中国民族思想史研究	国家社会科学基金重大项目	2018
中国历史上边疆与内地交往交流交融历程及其比较研究	国家社会科学基金重大项目	2021
古代王朝治边制度研究	国家社会科学基金重点项目	2021
元明清时期中国“大一统”理念的演进与周边关系研究	国家社会科学基金重点项目	2022

国家级优秀成果奖

成果名称	奖项名称
《西南通史》	教育部高等学校第四届科学研究优秀成果奖三等奖
《中华民族发展史》（三卷本）	教育部高等学校第五届科学研究优秀成果奖二等奖
《中华民族发展史》	教育部高等学校第六届科学研究优秀成果奖一等奖
《尤中文集》	教育部高等学校第八届科学研究优秀成果奖一等奖
《方略与施治：历朝对西南边疆的经营》	教育部高等学校第八届科学研究优秀成果奖一等奖
《中国西南民族通史》	教育部高等学校第八届科学研究优秀成果奖一等奖

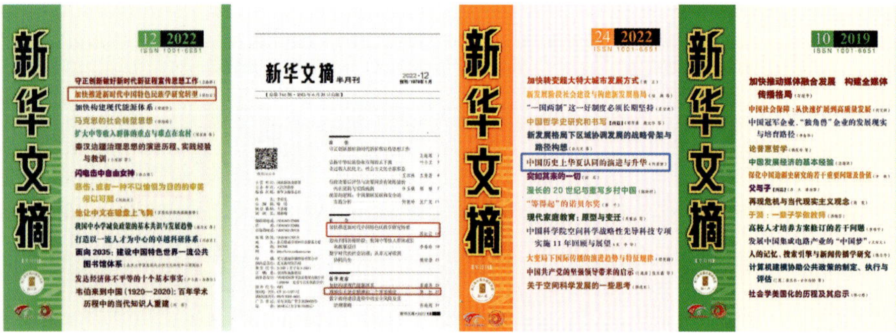

《新华文摘》全文转载了段红云研究员、方铁教授、刘正寅研究员的文章

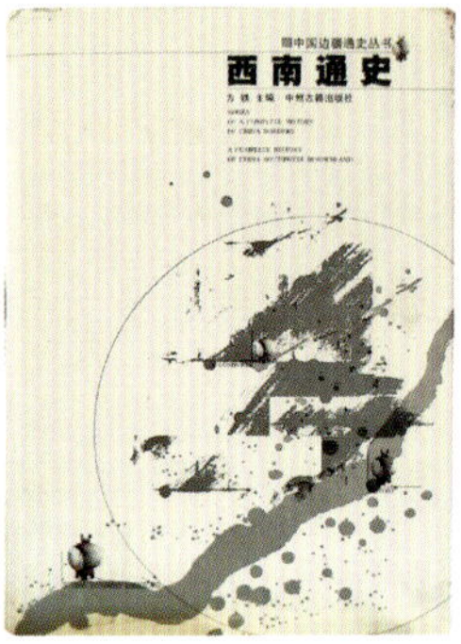

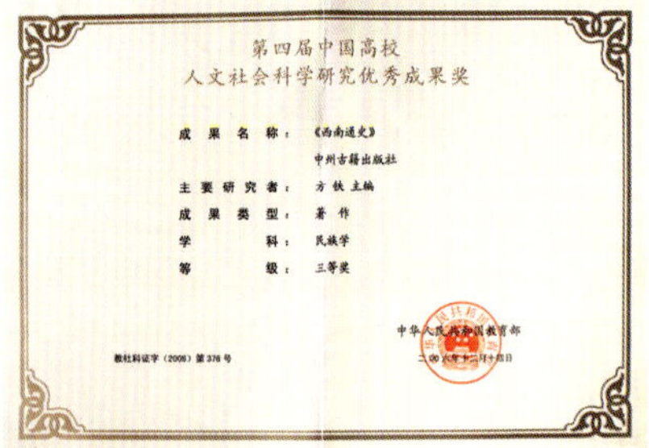

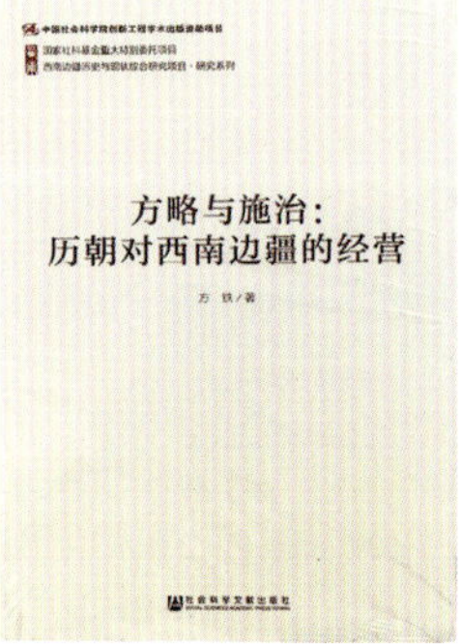

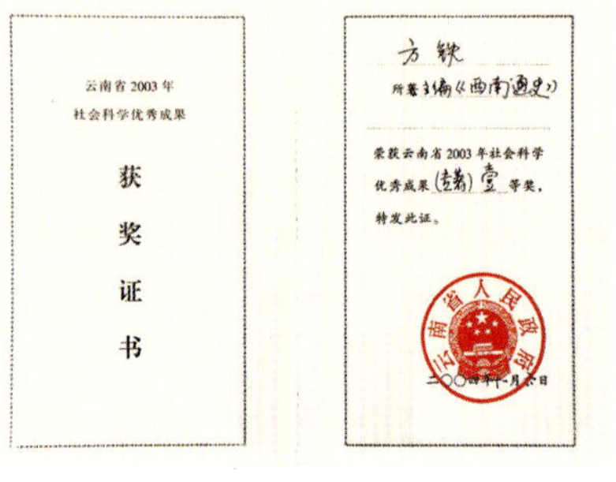

第六届高等学校科学研究优秀成果奖
（人文社会科学）
成果名称：《尤中文集》
云南大学出版社 2009 年 9 月
主要作者：尤　中著
成果类型：著　作
学　　科：民族学与文化学
等　　级：一等奖
中华人民共和国教育部
二〇一三年三月二十二日
教社科证字（2013）第 036 号

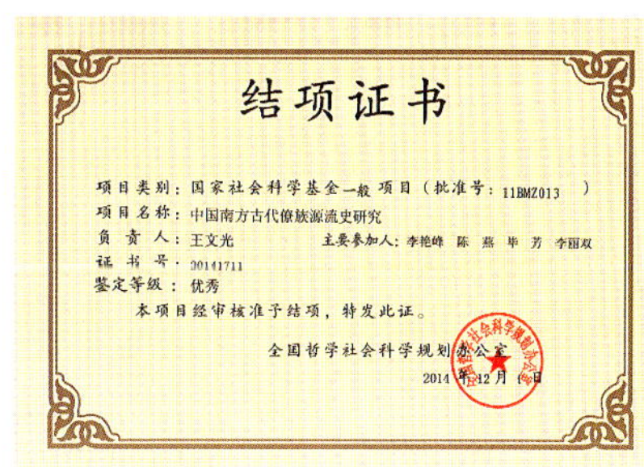
结项证书
项目类别：国家社会科学基金一般项目（批准号：11BMZ013　）
项目名称：中国南方古代僚族源流史研究
负 责 人：王文光　　主要参加人：李艳峰　陈　燕　毕　芳　李丽双
证 书 号：20141711
鉴定等级：优秀
本项目经审核准予结项，特发此证。
全国哲学社会科学规划办公室

云南省哲学社会科学
优秀成果
获
奖
证
书
尤中著
《尤中文集》荣获云南省第十四次哲学社会科学优秀成果（专著）一等奖。
特发此证
证书号 14A004

云南省哲学社会科学
优秀成果
获
奖
证
书
古永继
《哈尼族研究中史误的三点辩正》，在云南省第十二次哲学社会科学优秀成果评奖中，荣获（论文）壹等奖。
特发此证
证书号 12B010

1.《中华民族发展史》(三卷本)

该书是“十一五”国家重点图书出版规划项目成果。全书近500万字，运用极丰富的古代民族史料，严谨而深刻的分析，把夏朝至清末漫长历史时期中各个历史阶段，中国众多古代民族的产生、演变、发展、形成的复杂历史进程及其族系源流进行了全面、系统、细致的论述，构建起一个独具学术创见的中华民族发展史体系。这一研究成果的学术思想，对铸牢中华民族共同体意识具有重要的理论和现实意义。

该书荣获教育部高等学校第五届科学研究优秀成果奖(人文社会科学)二等奖

2.《中国西南民族通史》

该书内容上起先秦时期，下迄中华人民共和国成立后的2010年。主要论述中国西南民族的起源、形成及其发展历程，重点研究了各个时期西南民族的分化、发展及其体现于政治、经济、文化、社会发展等方面的西南民族关系。在研究中不仅使用了传统的“二十四史”，还广泛参考了大量的考古学资料、西南地方志书、地理书、碑刻资料、民族学调查资料及各种传记、文集、报刊资料及少数民族文献等。并通过对西南民族发展过程的研究，深刻揭示了我国各民族“三个离不开”的历史原因。该书对中国民族史研究的发展起到了推动作用。

该书荣获教育部高等学校第八届科学研究优秀成果奖一等奖。

第八届高等学校科学研究优秀成果奖

（人文社会科学）

成果名称：中国西南民族通史

云南大学出版社　2015年9月

主要作者：王文光，朱映占，赵永忠

奖项类别：著作论文类

获奖等级：一等奖

教社科证字（2020）第0164号

中华人民共和国教育部

2020年12月10日

3.《云南 15 种特有民族古代史料汇编》

该书开创性地将云南 15 种特有民族的史料合为一个整体，搜集了大量正史、别史、实录、游记、方志、档案、碑刻及田野调查等文献中记载的云南 1911 年之前古代历史的有关资料，按类别与时代顺序标点、分类、编排，每个民族基本按族源与分布、政治、军事、经济、文化、社会生活、世系家谱、综合史料等大致分类，各类下又据史料多寡，分列行政建置、土官土司、改土归流、习惯法、种植业、手工业与商业等细目，是一部价值极高的学术研究工具书和参考书。

该书获云南省第二十三次哲学社会科学优秀成果一等奖。

4.《中国民族史的历史人类学研究》

该书研究的主要问题分为五大类，即中国古代民族的历史人类学

研究，中国正史中海外民族史志的历史人类学研究，民族、国家与“多元一统”格局，民族发展历史与历史文本书写，对中国民族史学科发展的反思等。该书的鲜明特点是借鉴和吸收人类学、历史人类学等方法和视野，对中国民族史研究中的具体问题、理论和方法进行探讨。该书的出版对推动中国民族史研究在方法、问题视域等方面的创新具有很好的借鉴和参考价值。

2021 年，“以史为鉴，启航未来——云南民族团结的历史基础与历史经验”工作坊在云南大学举行

2015 年，云南大学举行纪念“尤中教授从事教学和科研活动七十周年座谈会”

2021 年，云南大学联合中国民族史学会举办“铸牢中华民族共同体意识高层论坛”

2013 年，中国民族史学会第八届会员代表大会暨第十六次学术研讨会在云南大学召开

2019 年，首届“民族史青年学者研习营”在云南大学举办

三、新体系与新模式

云南大学民族学深入贯彻习近平总书记关于教育工作的重要论述，紧紧围绕“培养什么人、怎样培养人、为谁培养人”的根本问题，推进建设“立民族团结之德，树民族团结之才”的新时代人才培养体系；大力弘扬“魁阁精神”，着力建设民族团结进步教育课程体系、人才培养体系，培养“铸牢中华民族共同体意识”的研究实践型人才，培养服务国家“一带一路”建设需要的外向型人才，培养服务民族地区发展急需的复合型人才，培养中华优秀传统文化传承创新人才，为促进边疆稳定和民族繁荣提供有力人才支撑。

民族学入选第一批国家级一流本科专业

2017年云南大学民族学学科入选国家“双一流”建设学科，同年，在第四轮学科评估中被评为A+学科。2019年，民族学专业入选国家级一流专业建设点。2022年2月14日，教育部、财政部、国家发展改革委公布第二轮“双一流”建设高校及建设学科名单，云南大学民族学学科入选新一轮“双一流”建设学科。

本一级学科中，全国具有“博士授权”的高校共15所，本次参评14所；部分具有“硕士授权”的高校也参加了评估；参评高校共计31所（注：评估结果相同的高校排序不分先后，按学校代码排列）。

评估结果	学校代码及名称
A+	10052 中央民族大学
	10673 云南大学
A-	10524 中南民族大学
B+	10558 中山大学
	10656 西南民族大学
	10730 兰州大学
B	10126 内蒙古大学
	10608 广西民族大学
	10691 云南民族大学
B-	10384 厦门大学
	10718 陕西师范大学
	10749 宁夏大学
	10610 四川大学

云南大学十七个专业入选首批国家级一流本科专业建设点项目

2020-01-03

日前，教育部办公厅发布了《关于公布2019年度国家级和省级一流本科专业建设点名单的通知》（教高厅函〔2019〕46号），云南大学17个专业入选国家级一流本科专业建设点，13个专业入选省级一流本科专业建设点，为我校“一流大学”建设增添了强劲动力。

云大申报的一流本科专业建设点，是经网上申报、教育部高校教学指导委员会评议、投票后遴选出来的。云大作为部省合建高校，2019年推荐了20个专业参加了国家部委直属高校和部省合建高校组成的“中央赛道”竞争，推荐30个专业参加了省级一流专业建设点申报。全国共4054个专业入选国家级一流专业建设点，其中中央赛道入选1691个专业。

2019年度国家级一流本科专业建设点名单

序号	学院名称	专业名称
1	法学院	法学
2	政府管理学院	政治学与行政学
3	民族学与社会学学院	民族学
4	文学院	汉语言文学

民族学国家级博士后流动站为青年人才成长提供平台支持

云南大学民族学国家级博士后流动站是经国家人力资源和社会保障部全国博士后科研流动站管理协调委员会批准设立的一级学科博士后流动站。在 2015 年度全国博士后流动站综合评估中，云南大学民族学国家级博士后流动站被评为优秀，系云南省唯一获评优秀的站点。

2016 年，全国博士后学术论坛“文化多样性与民族发展”在云大召开

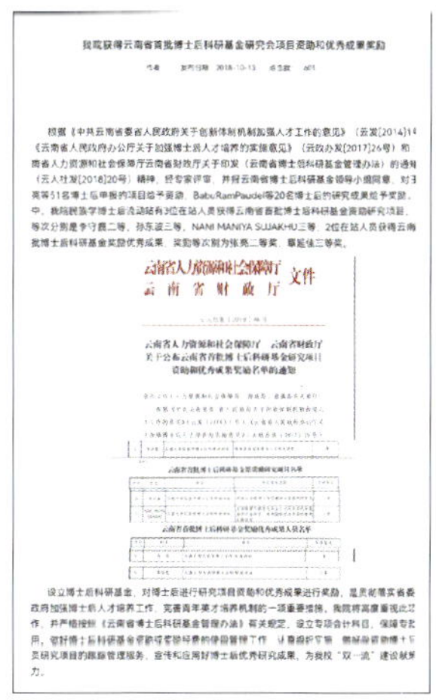

我院获得云南省首批博士后科研基金研究会项目资助和优秀成果奖励

根据《中共云南省委省人民政府关于创新体制机制加强人才工作的意见》（云发[2014]1
《云南省人民政府办公厅关于加强博士后人才培养的实施意见》（云政办发[2017]26号）和
南省人力资源和社会保障厅云南省财政厅关于印发（云南省博士后科研基金管理办法）的通知
（云人社发[2018]20号）精神，经专家评审，并报云南省博士后科研基金领导小组同意，对
莫等51名博士后申报的项目给予资助，BabuRamPaudel等20名博士后的研究成果给予奖励。
中，我院民族学博士后流动站有3位在站人员获得云南省首批博士后科研基金资助研究项目，
等次分别是李守营二等、孙东波三等、NANI MANIYA SUJAKHU三等，2位在站人员获得云南
批博士后科研基金奖励优秀成果，奖励等次别为张亮二等奖，覃延佳三等奖。

云南省人力资源和社会保障厅
云南省财政厅　文件

云南省人力资源和社会保障厅　云南省财政厅
关于公布云南省首批博士后科研基金研究项目
资助和优秀成果奖励名单的通知

设立博士后科研基金，对博士后进行研究项目资助和优秀成果进行奖励，是贯彻落实省委
政府加强博士后人才培养工作，完善青年英才培养机制的一项重要措施。我院将高度重视此
作，并严格按照《云南省博士后科研基金管理办法》有关规定，设立专项会计科目，保障专
用，管好博士后科研基金资助项目经费的使用管理工作，认真组织实施，做好获资助博士
员研究项目的跟踪管理服务，宣传和应用好博士后优秀研究成果，为我校“双一流”建设献
力。

全面实施“校园＋田野＋语言＋技术”的“四维”创新人才培养模式

立足学生全面发展，改革创新教学模式，全面实施“校园＋田野＋语言（周边国家语言/少数民族语言）＋技术（影像技术/信息技术）”的“四维”教学模式改革，引导学生走出校园、走进田野、走向边疆、走出国门，构建新型师生学习共同体，创新人才培养模式。

1. 加强影视人类学理论与方法的学习运用

以影视人类学研究中心为依托，为云南大学人类学/

拍摄传承人现场

2016 级“民族学影像技术实践课程”学生到黑井田野实训

在晋宁福安村开展影视技术田野实训

民族学硕士研究生开设“影视人类学”课程，学生在“田野调查、实地拍摄、后期剪辑、在地放映”的系统化训练下，独立制作完成了 73 部人类学电影；为本科生开设“影视人类学”和“影像技术实践”两门课程，学生完成 61 部民族志纪录短片作品。多部学生作品入围国内外民族志纪录片电影节。影视人类学的方法与实践正逐渐成为开展民族学 / 人类学专业研究的一项重要手段。

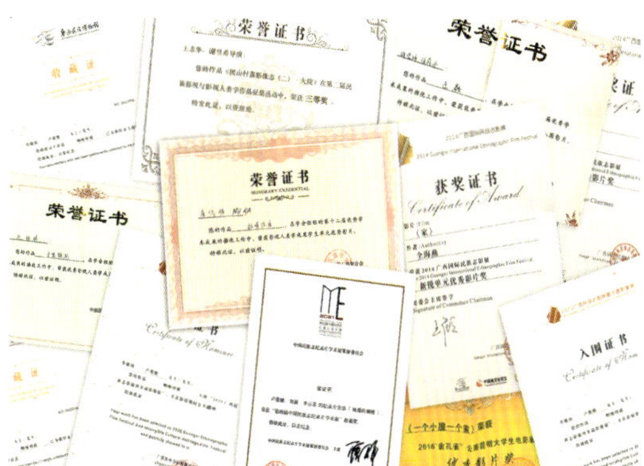

2. 举办 12 期民族学 / 人类学研究生田野调查暑期学校

2009—2022 年，连续举办 12 期民族学/人类学研究生田野调查暑期学校。来自北京大学、清华大学、哈佛大学、剑桥大学、耶鲁大学等86所国内外高校的近2000名师生，先后参加了暑期学校的理论研修和田野调查。暑期学校的开办为中国民族学、人类学培养了一批优秀的青年人才。

2012年，暑期学校开学合影

2015年，暑期学校开学合影

2013年，暑期学校部分学员在田野点合影

2017年，暑期学校课后合影

3.“U40”文化产业暑期工作营

“U40”工作营创办于2013年。至2022年共举办了11届工作营，培训近400名青年学者。2018年，“U40暑期工作营”的“艺术科技专业教师人才培训项目”获得了国家艺术基金会的支持。

历届“U40”招生简章

2019年，“国家艺术基金艺术科技专业教师人才培养项目”在昆明开班

理解中国-勐海布朗行
理解中国·云大北大两校师生重访魁阁
云南大学"理解中国·重走魁阁"调研
民族学与社会学学院2017级博士班

“理解中国”系列活动

4. 开设小班制少数民族语言和东南亚小语种选修课

为学生提供学习非母语少数民族语言和东南亚语言的机会，以促进各民族交往、交流、交融，为新时代民族工作和民族研究、“一带一路”建设培养具有扎实技能的人才。

教学相长，科研成果向教学转化

推进科研与教学相融合，及时将最新科研成果转化成新的教学内容。完成了《人类学概论》《中国民族史》两部国家级工程重点教材；建成多个国家级一流课程及云南省研究生优质课程，引领民族学课程体系建设。创新人才培养取得实效，提升了学生科研创新能力。

2017 年，民族学与社会学学院学生钟小鑫获宝钢奖教育奖·优秀学生奖

2020 年，杨金东获得全国青年教师教学竞赛文科组三等奖

云南大学在第十五届“挑战杯”获奖

《以“才”共治——20个“一带一路”合作国的在滇医学生调查研究》获国家级特等奖，是云南大学历史上获得的“挑战杯”最高奖项

教学团队

序号	团队名称	年度
1	云南省黄大年式教学团队	2017
2	云南省民族学研究生导师团队	2019
3	云南省中国西南民族的由来与发展研究生导师团队	2019

教学成果奖

序号	奖项名称	成果名称	年度
1	云南省第八届高等教育教学成果奖一等奖	以培养民族团结进步示范区建设人才需要为目标的民族学专业教育教学改革	2017
2	云南省第九届高等教育教学成果奖一等奖	课堂革命：民族学拔尖创新人才培养的探索与实践	2021

优质课程

序号	建设项目	课程名称	年度
1	国家精品在线开放课程	中国少数民族文化	2018
2	云南省研究生优质课程	民族学与人类学研究的理论与方法	2019
3	云南省研究生优质课程	中华民族发展史	2019
4	教育部课程思政示范课	民族学通论	2020

四、文化传承创新与促进文化产业发展

以构筑中华民族共有精神家园，弘扬中华优秀传统文化，增强文化自信为宗旨，聚焦国家文化强国战略目标，主动融入和服务云南民族文化强省建设；弘扬和传承“学术报国、守正创新”的学术文化，发挥“民族学+”新

文科建设的优势，推进优秀民族文化创造性转化与创新性发展。

传承“魁阁精神”，创作与演出学术史话剧《魁阁时代》

1939—1945 年，以费孝通等为代表的一批学者以国家民族的命运作为自己的责任担当，把学术研究与改造社会的实践相结合，取得了丰硕的学术成果，奠定了中国民族学社会学的发展基础，孕育了“家国一体、群我共进”的魁阁精神。原创话剧《魁阁时代》即以此为背景进行创作。

话剧《魁阁时代》人物服装设定

话剧《魁阁时代》海报

话剧《魁阁时代》排演

话剧《魁阁时代》剧照

中国社会科学院学部委员李培林、中国社会学会会长李友梅等与《魁阁时代》主创合影

2018 年，“中非非物质文化遗产保护传承研修班”在云南大学开班

非物质文化遗产传承创新

云南大学不仅开展了非物质文化遗产的理论研究，而且重视技艺的实践学习与创新，逐步建起非遗培训基地，开展了非遗影像记录培训以及中泰、中非等国际非遗活动交流、民间手工艺品的制作技艺工作坊等系列实践活动。

2017 年，在曲靖师宗县开展非遗培训研讨会

2017 年，拍摄非遗项目“建水紫陶”

2018 年，泰国朱拉隆功大学与云南大学联合举办“民族艺术学术工作坊”

"傣族贝叶经制作技艺保护与传承工作坊"参会人员合影

"彝族'梅葛'保护与传承研究工作坊"参会人员合影

"大理鹤庆银器锻制技艺保护与产业振兴发展工作坊"参会人员合影

推动民族文化产业高质量发展

云南大学民族学为推进国家特色文化产业发展、云南民族文化强省建设和地方文化产业发展作出了应有的贡献，探索出一条地方高校服务国家战略与地方经济社会发展的协同创新道路，创新基地智库服务模式：从旁观式研究到参与式研究；从文化产业研究到特色产业研究；从学理式支持到帮扶式支持；从规划式帮扶到资源对接式服务。

特色产业研究转化为国家产业发展政策，重点围绕国家区域文化产业发展、西部民族地区文化建设与地方文化发展开展相关战略咨询服务。

文化部文化产业司委托课题

国家特色文化产业群创建
工 程

云南大学国家文化产业研究中心
2011年4月

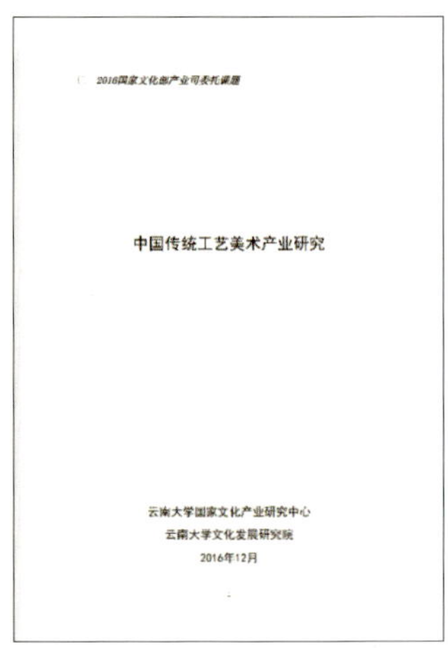

2016国家文化部产业司委托课题

中国传统工艺美术产业研究

云南大学国家文化产业研究中心
云南大学文化发展研究院
2016年12月

服务云南文化强省建设，助力地方特色文化经济，成功创建国家级文化产业示范园区。

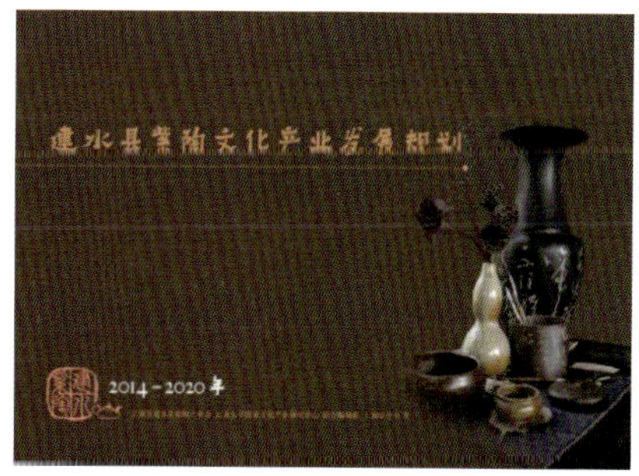

云南大学文化和旅游研究基地负责人受邀参加西双版纳州组织召开的“十四五”文化和旅游发展规划评审会

编著《普洱茶产业发展报告》，构建普洱茶产业的发展指数，与知网合作开发“云品服务·普洱茶产业数字知创平台”，协同实施“新型职业茶农培育工程”，促进云南茶产业的发展。

最后，在服务旅游文化产业内涵建设和旅游管理等重点领域，提供技术和智力支持，服务云南省“旅游＋大健康”产业和云南省国家全域旅游示范区、康养国际旅游基地建设。

云南大学国家文化和旅游研究基地负责人带领云南省“十四五”文化和旅游发展规划课题组一行到红河州蒙自市、元阳县和建水县调研

一本皮书
一个产业
中国普洱茶产业发展报告
文化蓝皮书·特色产业系列

一本皮书
一个地区
丽江市文化产业发展报告
特色地区系列

一本皮书
一个数据库
中国区域文化产业发展报告
区域文化产业

结 语

云南大学民族学是中国最早开展社会科学化民族研究的学术机构之一。《云南三村》《乡土中国》《彝族简史》《傣族史》等一批学术经典在这里诞生；费孝通、许烺光、陶云逵、林耀华、杨堃、江应樑、田汝康等名家大师曾在这里任教任职；中国民族学与社会学学科史上具有奠基意义的“魁阁时代”开创于这里。改革开放后，云南大学 1987 年恢复人类学本科招生，2009 年恢复民族学本科招生，1998 年获二级学科博士点，2001 年获一级学科博士点，是第一批获批中国民族史专业博士学位点授权的高校，也是中国率先恢复人类学专业的高校之一。2002 年获评国家级重点学科并获准设立博士后科研流动站；在第一轮至第三轮学科评估中位居前两名，在第四轮学科评估中为 A+，2017 年首批进入国家一流学科建设行列。2022 年 2 月 14 日国家教育部公布了第二轮“双一流”建设高校及建设学科名单，云南大学民族学入选新一轮“双一流”建设学科，成为云南大学久负盛名的“王牌学科”。

进入新的历史时期，党和国家对民族理论研究、民族政策、民族工作提出了新的更高要求，这意味着，云南大学民族学必须紧紧围绕国家民族工作主线做出调整。云南大学民族学面临“由单个民族的个体研究转为多元的中华民族共同体、人类命运共同体的研究”的挑战。云南大学民族学将围绕铸牢中华民族共同体意识和构建人类命运共同体等重大国家战略需求，加快构建新时代中国特色民族学学科体系、学术体系和话语体系。坚持将资源优势转换为学科建设优势，将云南及南亚东南亚地区丰富的民族学学术资源优势转化为学术研究优势，围绕铸牢中华民族共同体意识和构建人类命运共同体，以中国特色民族学知识体系重构为中心，产出一批重大成果；坚持聚焦云南省全国民族团结进步示范区建设、边疆及跨境地区民族问题和基层社会治理等国家和云南省经济社会发展重大需求不断增强学科服务能力；坚持提升人才培养能力，探索特色化人才培养新路径，培育具备高度社会责任感、跨学科知识和国际化视野、能担当中华民族伟大复兴重任的民族学新型拔尖人才。

在未来的道路上，云南大学民族学将继承和弘扬中国特色民族学的优良学科传统，深刻把握新时代中国民族工作的主线，为实现中华民族伟大复兴中国梦作出新的更大的贡献。

附录一

云南大学“王牌学科”民族学诞生记

陈　艳

之一：探索从历史中蹚出的“学术报国路”

教育部、财政部、国家发展改革委 2 月 14 日公布了第二轮“双一流”建设高校及建设学科名单，云南大学再次入选，云南大学民族学、生态学 2 个学科也入选新一轮“双一流”建设学科。

民族学作为云南大学久负盛名的“王牌学科”，此次入选，不仅对云南大学进一步提升学科的影响力，提升学校服务国家战略和区域经济社会发展的服务力，提升学校民族学学科对世界民族研究的引领力，具有重要而深远的意义，也对更好服务中华民族伟大复兴宏伟目标，服务国家民族工作高质量发展，服务云南民族团结进步示范区建设都具有重要的现实意义。

纵观云南大学民族学学科建设发展史，尽管云南大学民族学学科建设水平再上新高，但这个成绩只是该学科丰硕成果中的一个“闪光点”。

从 20 世纪 30 年代末至今，云南大学民族学走过了 80 多年岁月，一部学科建设史，就是一部跌宕起伏的民族学发展史，80 多年民族学从未停止跋涉的脚步，不断开拓进取，与中华民族伟大复兴进程同频共振、同向同行，砥砺前行的“学术报国”精神在历史的长卷中留下了浓墨重彩的一笔。

乱世中独占鳌头的学术新星

云南大学民族学是如何产生的？我们从中国民族学学科成长史中寻找答案。

据云南大学校党委常委、副校长段红云介绍，19 世纪末 20 世纪初，随着西方全新的民族概念和民族国家体制传入，中国传统的“国家观”“民族观”受到冲击和挑战，中国逐步展开对民族学的研究。

自 1903 年林纾、魏易翻译德奥学者哈伯兰的《民种学》并由京师大学堂书局出版算起，至今，中国民族学已经走过近 120 年的历史。

一百多年来，中国民族学走过了一条由西学东渐到逐渐本土化、几经波折逐渐发展壮大的道路，这条路也是云南大学民族学走过的路，更是一条把“舶来学科”完美转型为本土精品的“学术报国”路。

段红云介绍，早在 20 世纪三四十年代，云南大学的方国瑜等一批学者就开始从事民族史的教学研究工作，参与滇缅边界南段未定界的会勘和界务交涉工作，创办《西南边疆》，出版《西南研究丛书》，成为当时民族问题、边疆和边界问题研究的重要学术阵地。

“吴文藻、费孝通等一批享誉世界的学术精英在云南大学社会学系任教。”段红云说，为躲避战乱，学者们在昆明呈贡“魁星阁”开展田野调查研究，写下了《云南三村》《生育制度》《祖荫下》《芒市边民的摆》等传世经典，开创了中国民族学与社会学学科史上具有奠基意义的“魁阁时代”，并逐步演变成为一个重要的“魁阁学派”，奠定了云南大学民族学、社会学、人类学植根田野的学术传统和在学界的影响力。

据介绍，自 20 世纪 80 年代以来，云南大学民族学学科不断发展，逐步建立和完善了“本科—硕士—博士”一体化的民族学人才培养体系，1987 年恢复人类学本科招生，2009 年恢复民族学本科招生；2001 年获民族学一级学科博士授权；2002 年获准为国家级重点学科并获准设立博士后科研流动站；2009 年教育部全国高校学科评估，云南大学的民族学学科为第一名；2017 年 9 月入选国家首批“双一流”建设学科；在 2017 年 12 月教育部全国高校学科评估中，云南大学的民族学学科被评为 A+，云南大学民族学学科在教育部历次评估中始终名列前茅。

几代人薪火相传的学术精神

走进云南大学民族学与社会学学院，总能听到师生口中频频提及“魁阁”。什么是“魁阁”？对于社会学、民族学、人类学以及相关学科的发展，意味着什么？

段红云介绍，“魁阁研究”的学术风气和学术精神为云南大学留下了深厚的学科积淀，“魁阁精神”就是“学术报国”的精神，对我国当前相关社会科学研究的发展具有较高的借鉴价值。

1938 年，北京大学、清华大学、南开大学三校组成的国立长沙临时大学迁至昆明，改称国立西南联合大学，由此开启了一段教育史、文化史的传奇。同年，费孝通先生从英国学成归来，到云南大学任教并成立社会研究室开展调查工作，后又主持云南大学和燕京大学合办的社会学研究室，致力于云南社会特别是农村各方面情况的实地调查研究。由于日本飞机不断空袭轰炸昆明市区，1940 年，费孝通带领一大批学者，被迫将社会学研究室迁至昆明东南的呈贡县（今昆明市呈贡区）大古城魁阁，抗战胜利后才搬回校本部。在这里，他们以国家民族的命运作为自己的责任担当，把学术研究与改造社会的实践相结合，取得了丰硕的学术成果，奠定了中国社会学的发展基础，“魁阁精神”由此产生。

据云南大学民族学科学研究成果数据显示：上个世纪，“魁阁”研究团队取得了丰硕的成果，先后汇聚了费孝通、许烺光、陶云逵、林耀华、杨堃、江应樑、田汝康等享誉世界的学术精英，创造了中国民族学、人类学的鼎盛时期，产生《云南三村》《乡土中国》《彝族简史》《傣族史》等一批学术经典。

如今，“魁阁精神”引领新的学术高地，各项工作取得了显著成绩：构建了具有云南大学特色优势的学科体系，高层次人才成倍增长，人才培养成效显著，科学研究取得一批重大成果，国际合作交流水平明显提高，现代大学制度体系不断完善。

“魁阁”是一代学人的坚守与担当，几代人的探索，让这门学科薪火相传，建立起学科的精神殿堂，鼓励着研究者们认识中国社会必须要深入到社会实践中去，从科学的调查入手，身体力行，走具有中国特色的学术发展道路。

民族工作源源不断的学术动力

在云南，不谋民族工作，就不足以谋全局。习近平总书记两次考察云南，都对云南的民族工作寄予厚望，提出云南要建设民族团结进步示范区，在全国民族工作中探路子、出经验、做示范。

段红云告诉记者，入选“双一流”建设名单以来，云南大学更加主动融入国家战略和地方经济社会发展，坚持特色发展，牢牢把握追踪融入世界科技前沿与全面服务国家战略和区域经济社会发展这“两个着力点”，坚持瞄准前沿、追求卓越和扎根中国大地办大学“两条腿”走路，着力体现学校在全国高等教育体系中的不可替代性、科学研究的创新性以及对国家战略和地方经济社会发展的支撑性这“三性”。

“我校在学科建设上，紧紧围绕云南发展‘三个定位’，着力处理好云南民族与文化多样性、生物与生态多样性和地处边疆与毗邻南亚东南亚这三组关系，将资源优势转化为学科优势，着力打造民族学一流学科，成为全国民族学学科建设的领头羊，成为学校一流大学建设的重要支撑。”段红云说。

云南的民族多样性和民族文化的多样性，以及云南大学人类学与民族学研究的悠久历史，使得云南大学成为中国民族学研究最重要的基地之一。

“回顾云南大学民族学科发展的历史，我们可以清晰地看出，云南大学民族学学科建设具有深厚的学术基础和优秀的学术传承，一直都以服务国家和区域经济社会发展为己任，以服务促发展，通过充分发挥云南民族多样性和民族文化多样性的资源优势，将资源优势转化为学科优势，再将学科优势转化为人才培养优势，走学科群建设模式，发挥多学科联合攻关的优势，实现质的提升，走出一条特色发展、协同发展、开放发展的建设道路。”段红云介绍说。

之二：实践从“田野”中孕育出的学术力量

这是一门把论文写在“田野中”、写到民族村寨里的学科，是以“立维护民族团结之德，树民族团结之人”理念和“学术报国”精神培养民族人才的学术摇篮，也是以铸牢中华民族共同体意识为主线，以服务国家民族工作高质量发展、服务云南民族团结进步示范区建设为目标的学术基地。从招生时“门庭冷落”到本科和研究生“第一志愿”爆满，从一门“舶来学科”华丽蜕变为“国内一流”的本土特色学科，它结束了云南很多少数民族没有博士生、硕士生的历史，在教育部历次评估中始终名列前茅，桃李满天下、研究成果誉满世界……

云南大学民族学科研究究竟有何过人之处？凭什么在业界独树一帜？

深耕田野调查　实现理论与实践的互动转化

在云南大学民族学和社会学学院，“田野调查”被视为“从学生到学者”必不可少的一场“成年礼”。

每年由青年讲师或教授带领深入各民族村寨进行田野工作，本科生每年 1 个月，硕士研究生每年 20 天，博士研究生则 1 年，调查期间与当地群众同吃同住一起干活，白天深入调查，夜晚总结写报告，尽管有些累，但学生们依然乐在其中。

“我之所以选择民族学，主要是因为这门学科不是单纯进行学术研究，而是理论结合实际进行扎实的田野调查和社会实践，深入民族村寨调查，可以让我们更加深入了解各地民族文化和民族工作现状，为我们的学术之路奠定了良好的基础。”张辉是云南大学民族学专业四年级在读博士生，本科就读于山西某大学环境科学专业，出于喜爱和对云南民族工作的兴趣来到云南大学攻读民族学，来云南 7 年，张辉时常深入迪庆、普洱等民族聚居地进行调查，独立完成了数个民族生态环境保护课题研究。

“正如费孝通先生所说，田野调查永远是理解中国社会的一把关键‘钥匙’，我们不管在任何时候都不能丢掉它。”张辉表示，下一步将在民族学研究道路上继续深造，为解决我国民族问题、改善边疆社会治理，推动民族工作更上一个台阶继续努力。

一直以来，“田野调查”都是云南大学民族学的核心研究方法，也是从本科生到博士研究生必备的理论和实践训练环节，是民族学研究从理论向实践转化的过程。

据云南大学党委常委、副校长段红云介绍，从 2003 年至今，云南大学民族学和社会学学院在红河、丽江、大理、怒江、德宏、西双版纳等地的少数民族农村建立了 12 个调查研究基地，该校“从书斋走向田野、从理论走向实践”的独特教学模式，吸引了无数国内外学子纷至沓来，招生率、升学率、就业率稳步提升，学生综合实力获得学界广泛好评。

“我们在全省建立了 12 个少数民族村寨田野调查基地，定期开展实践教学，整理发表村民日志 9 套（667 万字）、影视人类学作品 35 部，协助有关部门及时掌握民情民意，动员村民积极参与乡村建设；组织研究生志愿者参与教育扶贫，云大独龙江支教团的事迹受到团中央和社会各界充分肯定。”段红云说道。

发挥学科优势　培养高素质复合型人才

重视学科人才队伍建设，是云南大学民族学保持学科活力的要诀之一。

云南大学民族学与社会学学院党委书记、博士生导师李晓斌告诉记者，云南大学民族学立足云南民族多样性和民族文化多样性的资源优势，继承吴文藻、费孝通老一辈学者奠定的优良传统，弘扬“学术报国、志在为民”的“魁阁精神”，创造性提出“理论 + 田野 + 语言 + 技术”的多维人才培养理念。通过“理论 + 田野”拓展课堂空间，通过“语言 + 技术”拓展课堂实践，发挥民族学科优势，促进学科发展实现质的提升。

云南大学特聘教授、边疆学所所长、博士生导师高志英和该院副教授、硕士研究生导师李伟华都是云南大学“魁阁学派”第三代学者，自入职以来，带领了一批又一批的学生深入各个民族村寨进行田野调查，了解云南省情、民族工作存在的问题和发展现状，主持完成了国家社科特别委托项目、中国文化部项目《中国节日志·傈僳族阔时节》以及《通过观察理解中国》等一批影响深远、学术严谨的优秀成果。

“田野调查可以让来自五湖四海的学子们了解云南、了解民族，爱上云南这块土地，让学生们在调查中产生民族认同感和归属感，更加明确自己的学术目标、提升学术研究能力。”高志英说道。

据了解，云南大学是第一批获批中国民族史专业博士学位点授权的高校，也是中国率先恢复人类学专业的高校之一，设有民族学国家级重点学科，获批国家四部委铸牢中华民族共同体意识重点研究基地、教育部人文社会科学重点研究基地——云南大学西南边疆少数民族研究中心、教育部首批国家教材建设重点研究基地——教育部民族教育教材建设与管理政策研究基地，设民族学一级学科博士点，民族学博士后科研流动站，形成了本 - 硕 - 博完整的人才培养体系，结束了云南很多少数民族没有博士、硕士的历史。

值得一提的是，云南大学民族学博士后流动站在 2015 年度全国博士后综合评估中被评为优秀，是云南省唯一获通报表彰的流动站，也是云南大学民族学学科重要的科研平台和人才储备平台，在学科建设、科学研究、人才培养、队伍建设和学术交流等方面发挥了积极而重要的作用。自设站以来，该站通过邀请国内外知名民族学家讲学，举办国际学术会议，与美国、日本、韩国、比利时、泰国、缅甸等国家以及中国港台地区 20 余所高校和科研机构建立长期交流合作关系等方式，为博士后科研人员开展学术交流搭建了良好平台。通过推进 12 个田野调查研究基地的建设，不断探索和创新博士后的实践培训，推动对西南少数民族长时间的跟踪调查，提升民族学博士后的综合社会实践能力，在站博士后研究人员大都获准博士后面上项目资助，产出了一大批高水平科研成果。

此外，云南大学民族学专业还入选了国家“双万计划”一流本科专业，承担国家马工程教材《中国民族史》《人类学概论》编写工作，“中国少数民族文化”入选首批国家精品在线开放课程；获全国教学竞赛二等奖 1 项，中国“互联网 +”大学生创新创业大赛金奖 1 项，“挑战杯”全国大学生创新创业大赛国家二等奖 1 项；连续 11 年举办全国民族学 / 人类学研究生暑期学校，先后接受国内外 86 所高校师生近 2000 人参加理论研修和田野调查，培养民族学人类学研究人才。

发挥“智囊”作用　服务民族工作大局

2009 年，云南大学承办了首次在中国召开的、国际民族学人类学最高规格会议“国际人类学与民族学联合会第十六届大会”。在此次大会上，以云南大学教授为主的云南 680 名学者，为大会提供了 16 个专题、635 篇学术论文，向国际学术界提供了关于中国民族和宗教政策、民族和宗教工作实践以及人类学与民族学研究的理论、方法等方面的宝贵经验和总结，也展示了云南大学民族学深厚的学术底蕴和丰富的学术研究经验、成果。

据段红云介绍，云南大学民族学学科获准建设国家四部委铸牢中华民族共同体意识重点研究基地和国家教材重点研究基地云南大学民族教育教材与管理政策研究中心；出版和发表了《西南民族通史》《国家图书馆藏西南少数民族语言文献汇编》《中国西部民族文化通志》《全球化及其人类学论题》《人类学的东南亚研究》等论著；建成 5 个特色数据库；6 份咨询报告获党和国家领导人批示；“中国民族问题智库”和“‘一带一路’沿线国家民族问题智库”入选“CTTI 高校智库百强榜”；获国家社科基金重大项目 8 项；获教育部高校科学研究优秀成果奖一等奖 2 项、二等奖 2 项、三等奖 1 项。

“多年来，云南大学不断加大民族学科建设投入，优化学科发展环境，不断壮大学科队伍，完善学科平台建设，增强国内国际学科合作和交流，造就了一批国内外有声誉的专家学者队伍，学科建设和科学研究得到大力发展，成果显著。云南大学也因此成为全国民族学科获奖数最多的高校，民族学也是该校获奖课题最多、立项率、人才水平最高的学科。”段红云说。

进入“双一流”建设二期，云南大学民族学的建设目标是围绕铸牢中华民族共同体意识和构建人类命运共同体等重大国家战略需求，加快构建新时代中国特色民族学学科体系、学术体系和话语体系，形成民族学研究的“云大学派”，成为全球民族学人才培养高地和享有国际声誉的民族学研究中心，引领世界民族学研究和民族学发展，为中国乃至全球的民族治理提供中国经验和中国模式。

之三：发展赋予民族学新的学术生命力

当前，民族问题依然是当今世界的热点问题，2021 年 8 月召开的中央民族工作会议明确提出了新时代党的民族工作的主线、战略目标、重点任务和政策举措，为我们推进新时代民族工作提供了根本遵循，也提出了新的更高要求。

新形势下，民族学该如何应对新挑战、适应新要求?

云南大学民族学专家学者们表示，要全面贯彻落实习近平总书记关于新时代民族工作的重要论述，贯彻落实中央民族工作会议精神，推进云南民族团结进步示范区建设，就必须强化理论研究，加强人才培养，加强政策宣讲，加强干部队伍培训，加强社会服务，发挥高校和科研机构智囊作用，为解决云南民族学的发展困境和挑战问题，提供强有力的智力支持。

把握机遇　转换研究视角

“在中央民族工作会议上，习近平总书记明确指出，要以铸牢中华民族共同体意识为主线，加强和改进民族工作。”云南大学民族学与社会学学院院长、博士生导师关凯表示，这一要求既是对民族学提出的学科新要求，也是学科发展的重大战略机会。

“在新时代党的民族工作以铸牢中华民族共同体意识为主线的国家政治战略要求下，民族学学科未来的发展趋势在于重新构建有中国特色的学科知识体系与人才培养机制，以需求导向和问题导向替代已形成路径依赖的‘传统导向’，赋予民族学以新的学术生命力，为实现党的第二个百年奋斗目标和中华民族的伟大复兴提供强有力的支撑。”关凯表示。

关凯认为，在新时代追求中华民族实现伟大复兴的征途上，民族学的时代特征更加鲜明，针对此所发生的知识转向，需要把现代性和国家视角带回民族学研究。当下中国特色民族学需要积极回应新的时代要求，需要把“国家”作为一个重要变量带回民族学的专业性思考。

对此，关凯建议，把民族研究从重在“少数民族和民族地区的问题研究”中提升起来，探索基于民族学的国家理论。

关凯表示，“把现代性和国家带回来”的民族学知识转向并非意味着某种“另起炉灶”式的“创新”，而是要在继承传统的基础上拓展问题域，反思由现代性所引发的新问题。

“依据学科特点和学科属性，新时代中国特色民族学要从整体上把握学科知识体系，既能充分保持学科知识体系的科学性，又能有效地服务现实的国家战略需要，这才是学科建设的关键问题。”关凯说道。

围绕主线 加强学科建设

“近年来，习近平总书记就党的民族工作发表了很多重要论述，对新时代民族理论研究、民族政策、民族工作提出了新的更高要求，这就意味着，云南大学民族学科必须紧紧围绕国家民族工作主线做出调整。”云南大学党委常委、副校长段红云表示，当前，云南大学民族学面临“由单个民族的个体研究转为多元的中华民族共同体、人类命运共同体的研究”的挑战，以及高层次领军人才不足、优秀青年后辈人才乏力、当前人才队伍还不能有效适应新时代民族学科建设新要求等问题。

“这也是下一步在学科建设当中必须解决的紧要问题，任务艰巨，责任重大，学科建设必须转型。”段红云表示，下一步云南大学民族学的建设目标是围绕铸牢中华民族共同体意识和构建人类命运共同体等重大国家战略需求，加快构建新时代中国特色民族学学科体系、学术体系和话语体系。在学科建设方面，我们的主要任务是以铸牢中华民族共同体意识为主线，充分发挥云南大学民族学、人类学、社会学、政治学、历史学的相关学科资源，重新整合民族学学科体系，培育新的学科增长点，创新学科知识内涵，强化交叉融合，联合攻关，提升学科知识原创能力和社会影响力，为人类社会化解“文明冲突”、构建人类命运共同体贡献中国智慧。在人才培养方面，云南大学民族学将始终坚持立德树人根本任务，立维护民族团结之德，树促进民族团结之才，以课程思政为中心，以培养学生思维能力、认知能力和学习能力为重点，重视学生全面发展，构建民族学卓越人才培养新体系，厚植爱国情怀，增强综合素质，培育具备高度社会责任感、跨学科知识和国际化视野、能担当中华民族伟大复兴重任的民族学新型拔尖人才。

“在民族研究方面，民族学研究要深刻把握新时代中国民族工作的主线，深刻领会中国民族学研究转型的历史逻辑和现实需求，加快推动新时代中国特色民族学研究转型，促进吸收借鉴与守正创新相结合，理论研究与应用研究相结合，单一民族研究与中华民族研究相结合，汉文文史资料与少数民族文史资料研究相结合，国内民族研究与海外民族研究相结合，为实现中华民族伟大复兴中国梦作出新的更大的贡献。”段红云说。

（本文原载于2022年3月30日《民族时报》）

附录二

赓续先辈学术报国志　写好乡村调查大文章

——“中国乡村社会大调查（云南）”项目开展侧记

符　皓

编者按

80多年前，国难当头之际，以费孝通为代表的一批学术大家齐聚昆明，任教于云南大学。为躲避日军轰炸，费孝通等人将成立的社会学研究室迁至昆明城郊古城村的魁星阁上，他们以国家民族命运为己任，把学术研究与改造社会的实践相结合，开展田野调查，推出了系列经典社会学著作，开拓了社会学、民族学、人类学等社会科学学科的中国化道路，开创了对后世影响深远的“魁阁精神”。

新中国成立后，承袭“魁阁”一派学人奠定的社会科学知识体系，云南大学相关专业的师生，又积极参与到民族识别调查、边境勘界等工作中，为铸牢中华民族共同体意识作出了积极贡献。

进入新时代，打赢脱贫攻坚战，全面推进乡村振兴，中国乡村大地日新月异。与时代同频，观照当下，思考未来。赓续“魁阁”先辈的学术报国之志，在云南大学牵头下，一场声势浩大的中国乡村社会大调查行动应时展开……

从滇中平坝到滇西佤山腹地，从洱海之滨到独龙江秘境，从高黎贡山脚下到边境雨林地带……2023年春节前后，在云南大学牵头下，来自全国各地数十所高校的875名师生，从云南的 129 个县（市、区）中选出 42 个样本县（市、区），对其中的 348 个行政村、9048 户家庭开展了入户调查。

此次调查采取“定量 + 定性 + 社会服务实践”的混合调查模式，联合云南省乡村振兴局、云南省民族宗教委员会、云南省统计局等相关职能部门，力求最大化地收集乡村社会基础数据。

这注定将是一次影响深远的乡村社会调查行动。

“通过云南乡村社会的调查来认识中国的乡村社会，进而认识中国的现代化进程，认识新时代十年的历史性成就和历史性变化。”在此次调查启动仪式上，云南大学党委书记林文勋对活动的重要意义进行了介绍。

具体成效如何？一起来听听参与的师生怎么说。

调查出真知

打赢脱贫攻坚战后，经过乡村振兴的持续推进，云南乡村面貌的变化令参与调查的师生印象深刻。

在大理白族自治州大理市，洱海生态保护让洱海流域生态持续优化，好环境带来好风景，助推洱海流域旅游发展迈上新台阶。

在怒江傈僳族自治州贡山独龙族怒族自治县，很多曾经外出的年轻人陆续返乡，或担任村干部，或带着技能返乡创业，推动当地发展实现了从外源动力向内生动力的转变。

在普洱市西盟佤族自治县，作为“民族直过区”，西盟佤山彻底告别曾经的刀耕火种，发展起了现代化、多元化的种养殖产业，更发挥地域特色打响了“佤山歌舞”劳务输出品牌，阿佤人民唱响了新时代的幸福之歌。

在西双版纳傣族自治州勐腊县，随着中老铁路开通运行、昆明托管勐腊县磨憨镇，陆路、水路、铁路联动，边境现代化幸福村建设有序推进，边境村寨成为开放前沿，冷链物流、热带农业、橡胶深加工等产业项目方兴未艾。

……

见证发展的同时，调查过程中发现的一些乡村社会问题，也引发了师生们的深入思考。

参与调查的云南大学民族学与社会学学院教授马居里指出，一些地方生态保护成为发展的“紧箍咒”，陷入为保护而保护的怪圈中。“生态保护和产业发展之间需要找到结合点，实现共赢。”他说。

参与调查的云南大学民族学与社会学学院副教授许庆红发现，乡村年轻人外流情况较普遍，大龄未婚青年群体增加等问题比较突出。

参与调查的云南大学民族学与社会学学院副教授张雨龙看到，在一些热带地区，因为乡村气候资源条件好，农村家庭出现了“因富辍学”的现象，这给乡村文化振兴带来了挑战。

“乡村振兴中还需要补足现代健康素养短板。”参与调查的云南大学民族学与社会学学院副教授杨婉秋发现，一些农户家的地板已经整洁到光彩照人的程度，但却对一些传染疾病的健康防治没有概念。

参与调查的云南大学民族学与社会学学院教授高志英则发现，在部分乡村，每届驻村工作队都会积极争取项目帮助当地发展，但产业扶持项目随驻村工作队的离开而改变，需要重视项目投放的可持续性。

从学校“小课堂”到社会“大课堂”

曾经，在各级各部门关心下，佤族女孩叶黑龙在初中毕业后，走出西盟佤山，进入昆明女子中学“春蕾班”学习，后顺利考入中央民族大学，一路读到博士毕业。

如今，已成为云南大学民族学与社会学学院副教授的叶黑龙，也积极参与到此次乡村社会大调查行动中。她负责带队调查的样本县，就是她的家乡西盟。

此次调查期间，她受邀前往曾经的母校西盟一中，以自己的亲身经历，向学弟学妹们作了一次励志演讲。学弟学妹们积极涌上讲台与她互动的场面，令她感慨万千。

叶黑龙回忆，她直到五年级时还不会讲普通话，初到县城读书，因语言障碍，她从来不敢主动站上讲台。而如今，学弟学妹们阳光乐观的精神面貌，让她情不自禁地鼓励学弟学妹：“要志存高远，边疆学生也有美好的未来。”

叶黑龙认为，在西盟正积极输出“佤山歌舞”劳务品牌的背景下，语言文字使用能力也是一种劳务素质的体现。而教育，对语言能力的提升发挥着无可替代的重要作用。

此次调查，叶黑龙看到佤山大部分乡村都有了幼儿园，孩子从小就能学普通话，见到陌生人进村也不再躲开，她对佤山的未来充满希望。

从学校“小课堂”到社会“大课堂”，同样收获满满的，还有参与调查的相关专业学生。

作为云南大学民族学专业博士研究生二年级的学生，王焕瑜自2018年开始便深入贡山县独龙江乡开展调查研究。参与此次大调查项目后，王焕瑜获得了更广阔的研究视野。“以往的调查研究，主要专注于某一个点完成学术课题。此次调查则从整个县域发展角度出发，调查研究结果将为党委政府及民族地区发展提供决策依据。”他说。

“作为社会学专业学生，只有深入乡村社会，写出的东西才更有人情味，更符合国情。”身为云南大学社会学专业大三学生的高瑜蔓，参与了大理弥渡组的调查工作。对她而言，此次调查是一次收获颇丰的社会实践活动。与各个学校的师生在一起，学校之间的差异性和资源汇总，对专业的提升也大有裨益。

“学习不能只停留在书本。参与调查后，加深了我对中国乡村社会的了解。”作为云南大学民族学专业大三学生的罗仕磊，参与西盟组的调查是她第一次深入边境村寨。通过调查历练，让一直想从事学术研究的她深切认识到学习与实践相结合的重要性。

参与大理州大理市组调查的云南大学社会学专业博士研究生一年级学生管悦也深有体会地指出：“当今中国社会变化很快，传统理论建构无法真切描绘真实的乡村社会。只有走出书斋、贴近乡村，把学术做在大地上，把看到的真实乡村社会与书本上学到理论体系结合起来，才能加深认知。”

大调查之“大”

参与人数多、投入经费大、持续时间久、涉及范围广，但这还不是此次中国乡村社会大调查称“大”的缘由。

林文勋解释，将此次调查项目定位为“大调查”，源于它具有重大的理论意义和实践意义。

在理论意义方面，通过大调查，立足乡村，立足中国大地，将力求推动中国特色民族学、社会学的知识生产，推进学科发展中的知识创新和理论创新，加快构建中国特色哲学社会科学学科体系、学术体系、话语体系。

在实践意义方面，中国乡村大调查也不是一个传统意义上的调研项目和教学项目。它有着鲜明的实践导向，需要广大师生把自己的理论知识与生动的社会实践有机结合起来，回应实践中所面临和需要解决的一些巨大变化和历史性变迁问题，全面反映和揭示中国特色社会主义的生动实践并加以学理化，为研究乡村振兴推进过程中的重大理论问题和现实问题奠定基础，为民族地区现代化发展提供科学的决策依据及全面的治理视野。

据介绍，此次大调查活动将产出5个方面的学术成果：聚焦当今乡村社会发展的重大问题，形成一套具有深刻意义的中国乡村社会大调查丛书；发表一批高水平的论文；形成一批云南脱贫攻坚和乡村振兴的典型案例，讲好云南故事和中国故事；建设中国乡村社会大调查的数据库；拍摄中国乡村大调查系列纪录片。

据了解，此次中国乡村大调查项目在云南的顺利开展，为下一步在全国范围内开展相应的乡村社会大调查工作提供了范式。目前，广西、贵州、新疆等地高校已跟进对接，将参考云南模式在各自省份开展乡村社会大调查活动。

（本文原载于2023年3月21日人民网·云南频道）

后 记

云南大学民族学学科的建设，始终坚持以铸牢中华民族共同体意识为主线，以服务国家民族工作高质量发展、服务云南民族团结进步示范区建设为目标，与中华民族伟大复兴进程同频共振、同向同行。

在回顾这段历史的过程中，所有曾经参与建设云南大学民族学研究的师长、学长们都积极地把自己珍藏的图书档案、图像视频等资料提供给编写组，并热忱地提供搜集资料的线索。在书稿撰写和收集材料过程中，我们得到了众多师生、校友以及云南省档案馆、昆明市档案馆、云南大学档案馆、云南大学出版社的大力协助。高发元、林超民、何明、张跃、施惟达、段炳昌、王文光、方铁、张晓辉、谭乐水、刘兴育等先生提供了重要的材料及线索；徐菊芬、江晓林、杨锋、陈湘、杜松、潘燕等先生为书稿提供了照片和相关素材；在书稿打磨完善的过程中，杨云宝、张平慧、赵红梅、刘雨、王颖给予了支持。在此一并致谢。

为编写本书，参与者们历时一年有余，探访了众多亲历者，搜寻了无数故纸堆，尽力全面展现云南大学民族学的发展脉络。本书大纲由李晓斌、伍奇拟定；前言由何明撰写；第一、二篇主要由张海超、伍奇编写；第三篇主要由刘永青、张晓燕编写；第四篇主要由赵海娟、李昕编写。编写者们将截至 2022 年 12 月搜集到的资料进行了汇总、梳理，但在访谈及搜集整理资料时，所有参与者都深感还有很多领域有待深入挖掘。未来，我们将继续搜集资料，以更全面、更真实地展现这段辉煌的历史。为此，恳请专家学者、师长学长们给予我们批评建议，让本书能不断得到充实完善。

2023 年 3 月